数学史

这样教

吴建成◎著

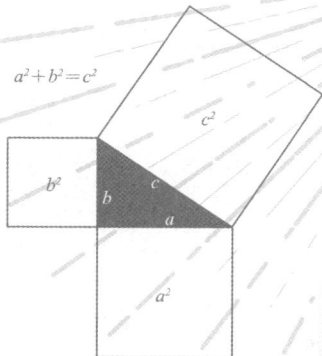

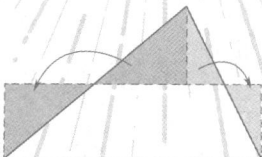

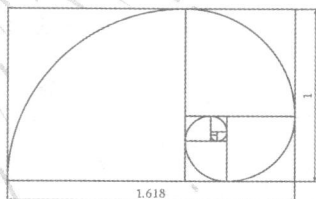

人民邮电出版社

北 京

图书在版编目（CIP）数据

数学史这样教 / 吴建成著. -- 北京：人民邮电出

版社, 2025. -- ISBN 978-7-115-65245-4

I. O11-49

中国国家版本馆 CIP 数据核字第 2024W5X398 号

内 容 提 要

　　数学史见证了人类从对数量和形状的懵懂认知，到构建起精妙绝伦的数学理论体系的历程。将数学史融入数学教学，是为了赋予数学以生命和灵魂，让学生明白，数学并非枯燥的数字和字母等的堆砌，而是解决实际问题的有力工具。那么，全球数学史教学的情况如何？作为教师，我们应该如何将数学史有效地融入日常的教学中？

　　本书从理论和实践两方面入手，深入剖析数学史在小学数学教学中的实际应用；分析人教版、北师大版和苏教版三个版本小学数学教材中数学史的编排，揭示数学史在不同教材中的呈现方式；同时，为教师提供了发挥数学史价值的教学路径；最后，通过丰富的案例和实践经验，为教师的数学史教学提供了有效的参考和指导。

　　读完本书，读者不仅能领略到数学史的博大精深，感受到数学与人类文明的紧密联系，更能获得丰富的教学启发。

　◆　著　　　　吴建成
　　　责任编辑　谢晓芳
　　　责任印制　陈　犇

　◆　人民邮电出版社出版发行　　北京市丰台区成寿寺路 11 号
　　　邮编　100164　电子邮件　315@ptpress.com.cn
　　　网址　https://www.ptpress.com.cn
　　　三河市中晟雅豪印务有限公司印刷

　◆　开本：720×960　1/16
　　　印张：16.25　　　　　　　　　2025 年 5 月第 1 版
　　　字数：194 千字　　　　　　　2025 年 5 月河北第 1 次印刷

定价：79.90 元

读者服务热线：(010)81055410　印装质量热线：(010)81055316
反盗版热线：(010)81055315

　　《义务教育数学课程标准（2022 年版）》（以下简称《课标》）强调：
"数学不仅是运算和推理的工具，还是表达和交流的语言。数学承载着思
想和文化，是人类文明的重要组成部分。"《课标》的"课程实施"部分提
到应将数学史融入教学中。这样可以提升学生学习数学的兴趣，让学生欣
赏数学文化之美、体会数学家治学严谨的态度。可见，在小学数学课堂中
融入数学史教学是《课标》的要求之一。教师引导学生对数学史进行追溯
和思考这一做法，不仅能帮助学生更好地理解数学的发展脉络，培养学生
的批判性思维和跨学科综合能力，还能带给教师不一样的教学体验。因此，
探究如何将数学史的相关材料自然、有效地融入小学数学教学过程，是值
得重视的课题。

　　没有经历"火热的思考"过程，数学就成了"冰冷的美丽"。因此，
教师在进行教学设计时，应考虑带领学生经历数学家发明或发现数学知识
的过程，重走数学知识的形成之路，经历探索、归纳、概括、交流和内化，
并顺应学生的好奇心，让其在学习过程中感受数学知识产生的过程，激发
学生的学习兴趣，调动学生主动学习、自主建构数学知识的积极性。正如
美国学者比德韦尔所言："在教学中融入数学史，可以将学生从数学的孤
岛上挽救出来，并将他们安置于一个生机勃勃的新大陆上，这个新大陆包

含了开放的、生动活泼的、充满人情味的并且总是饶有趣味的数学。"

或许你会好奇，数学史究竟如何与小学数学教学联系起来？又或者你会思考，教师通过了解和应用数学史，能为学生带来什么？吴建成老师及其团队对"数学史是否能够真正有效融入小学数学教学"展开了系统的理论和实践研究，并结合自己的教学实践和感悟给出了回答。某种意义上说，《数学史这样教》就是他们的答案。

相关学者对数学史的研究，主要有三种价值取向：为历史而数学史、为数学而数学史、为教育而数学史。但一直以来，"为教育而数学史"的研究相对滞后。究其原因，有这样几点：一是"依考定教"的现象妨碍了数学史在教学中的应用；二是教师对数学史和数学史的教育价值缺乏深层次的理解，在如何发挥数学史的教育价值以提高教学实效方面经验不足；三是缺乏结合数学史的小学数学教学经典案例……认识上的模糊肤浅必然导致行动上的参差不齐。因而，"数学史如何教？"的问题成为小学数学教学改革的一块短板，一块教师感到"难啃"的"硬骨头"。本书所关注的正是数学史的教育形态，是一门需要对数学史进行加工、雕琢和再创造的艺术，兼具学术和教育的价值。

本书的独特之处在于它不仅论道，更起而行之。基于数学史在小学数学教材和教学中的现实境遇，本书探索了数学史的教育价值和融入方式，提供了一种新颖的教学思路和方法，丰富了小学数学教学的内涵，也拓宽了其广度。本书介绍的研究成果具有一定的理论价值和实践意义，主要体现在以下几个方面。

第一，本书从三个视角，包括"我们"眼中的数学史——数学史在小学数学教学中的现实情况，"他人"眼中的数学史——国内外数学史研究的基本情况，理想者眼中的数学史——数学史融入小学数学教学的构想，深入剖析了数学史在小学数学教学中的实际应用。

第二，本书选择人教版、北师大版和苏教版三个版本的小学数学教材，揭示了数学史在三个版本教材中的分布情况、内容设计和渗透方式等，以更好地帮助教师读懂教材，更好地进行教材的对比、加工、重组，实现教材内容选择的最优化，在一定程度上帮助教师有效地进行数学史教学。

第三，本书提出了发挥数学史价值的基本原则，为教师指明了一条深入进行小学数学教学的路径，并据此，透过一个个具体的教学案例进行阐述。每一个教学案例都是对数学史教学理念的生动诠释，呈现了一幅生动而立体的教学画面。

第四，本书以贴近课堂现实的方式，通过教学案例，展示了数学史在小学数学教学中的应用：从"数与代数""图形与几何""概率与统计""综合与实践"四个领域分别选取了一个教学案例，为教师提供有关数学史的素材和融入数学史的教学设计；结合课程改革需求，选择"圆"这一主题，探讨了融入数学史的单元整体化主题教学设计，能在一定程度上帮助教师创造性地进行小学数学史教学资源的开发和利用。

总之，本书介绍的研究成果为教师在小学数学教学中运用数学史提供了素材、案例和理论指导，从而提升了数学史的实践价值，加强了数学史和小学数学教学之间的联系，促进了数学史与数学文化在数学教育界的传播。读完本书，我既领略到了数学史的博大精深，又感受到了数学史带给人们的思维启迪和文化提升。

教育工作永无止境。数学史与数学教学关系的研究在现代中国还是一块尚未被充分开发的沃土。为了更有效地将数学史融入学生的数学学习、教师的数学教学，数学教育工作者需要齐心合作，不断开拓，不断创造。吴建成老师及其团队知难而进，大胆探索，编写了《数学史这样教》。本书紧扣《课标》培养学生核心素养的要求，结合学生数学学习的需求，提高学生学习数学的兴趣；同时结合教师教学需要，为其提供了丰富的教学案例，有很强的实用性。在此，我由衷感谢吴建成老师及其团队对小学数学教学工作的深入探索和巨大付出。他们的工作不仅丰富了小学数学教学资源，也为我们揭示了小学数学教学的新境界。相信一定会有更多的数学教育工作者能够从本书中获得启发。

张春莉

北京师范大学教育学部课程与教学研究院院长、教授、博士生导师

2024 年 6 月于北京师范大学

序二

　　当这部凝聚着你心血与智慧的数学史教学作品呈现在我眼前时，我内心满溢着欣慰与期待。作为你的师父，我一路见证着你在数学史教学领域不懈探索的历程，深知这背后所蕴含的无尽艰辛与坚守。

　　数学，这一既古老又充满活力的学科，恰似一座蕴藏着无尽智慧的宝库。其历史，宛如一幅波澜壮阔的人类不断挑战未知、执着追求真理的宏伟篇章。从远古文明中人类最初对数字的懵懂摸索，到现代科技里人类对数学模型精妙绝伦的运用，数学始终如一地伴随着人类文明演进的每一步，并发挥着关键作用。

　　在这部作品中，你以令人赞叹的深度和广度挖掘了数学史教学的宝贵价值。你对数学史教学中涉及的各个历史时期数学发展的关键节点把握得精准无误，对那些重要数学理论的演变剖析得入木三分。你清晰且有条理地梳理了小学数学教材中的数学史料，并巧妙地将其与教学紧密融合，展现出了非凡的洞察力和深厚的学术造诣。你的研究成果不仅极大地丰富了教师对于数学史的认知，更为关键的是，为教师开辟了崭新的视野，提供了教学参考。

　　正如《礼记·学记》中所阐述的："独学而无友，则孤陋而寡闻。"在数学史教学这个广袤无垠的世界里，交流与分享无疑是推动数学史教学持续发展和广泛应用的强大动力。

你能够全身心地投入数学史教学的研究中，这种无畏的探索精神和坚定的决心实在值得高度赞扬，作为师父的我也深感欣慰。在漫长的研究与创作过程中，想必你遭遇了许多困难与挑战，但你凭借着内心对数学的炽热喜爱和扎实的专业功底，一路披荆斩棘，坚韧不拔地走到了今日。

展望未来，我满怀信心地相信，你在数学史教学与研究的漫漫征途中必将行稳致远。或许在不远的将来，你能够凭借独特且富有魅力的方式，让众多教师深切感受到数学史教学的迷人魅力，进而培育出一代又一代优秀的教学人才；又或许你能将数学史教学的研究提升到前所未有的高度，为解决纷繁复杂的实际问题贡献出极具创新性的方法和思路。不管前方等待着你的道路是怎样的曲折与未知，我始终坚信，你定能凭借着坚定不移的信念和持之以恒的努力奋勇开拓。

衷心希望这部作品能够成为一个为更多人敞开的窗口，让他们得以窥探数学史教学的奇妙世界，从而激发起他们内心对数学史教学的浓厚兴趣和无限的创新思维。同时，也期望你能以此为全新的起点，继续在数学史教学的辽阔天地里辛勤耕耘，永不停歇地探索未知的领域，为数学史教学的蓬勃发展与广泛应用源源不断地贡献出更多的智慧和强大的力量。

作为你的师父，我将始终如一地关注你的每一步成长与进步，满心期待着你在未来创造出更加璀璨夺目的辉煌成就！

王彦伟

北京市东城区教育科学研究院小学研修部主任、特级教师

2024 年 2 月

序三

数学，这一古老而深邃的学科，宛如一座巍峨的智慧大厦，其基石深埋于人类文明的土壤，其架构承载着无数智者的思考与探索。《论语》中有言："学而不思则罔，思而不学则殆。"在学习与探索数学的过程中，思考的价值至关重要。在数学发展的历史长河中，最终沉淀下来的成果正是前人经过缜密思考和检验后获得的，它们可以为后人的进一步思考与学习提供帮助。

数学发展的历史，即数学史，不仅仅是一系列事件和人物的罗列，更是一部充满激情与智慧的传奇。它见证了人类从对数量和形状的懵懂认知，到构建起精妙绝伦的数学理论体系的伟大历程。我国古代数学家刘徽曾说："割之弥细，所失弥少。割之又割，以至于不可割，则与圆周合体而无所失矣。"这体现了古人在数学研究中的执着与深入。

回溯数学发展的长河，我们便能清晰地看到，每一个重要的数学概念、定理和方法都并非凭空出现，而是在特定的历史背景下，由无数数学家辛勤耕耘所孕育。

将数学史融入数学教学，是为了赋予数学以生命和灵魂。教师要让学生明白，数学并非枯燥的数字和字母等的堆砌，而是人类智慧的结晶，是解决实际问题的有力工具，更是推动社会进步的重要力量。正如古希腊哲学家柏拉图所说："数学是一切知识中的最高形式。"通过了解数学史，学生能够置身于那些伟大数学家的思考之中，感受他们所面临的挑战，体会他们的坚持与突破。

建成校长作为优秀青年教师的代表无疑是值得赞扬的。他以无畏的勇气和坚定的决心投身于这部数学史融入小学数学教学作品的创作，这是一项值得称赞的壮举。数学的世界广袤无垠，他勇敢地踏上了探索其历史脉络的征程，这需要极大的热情和毅力。这部作品旨在梳理数学史在小学数学教学中应用的途径和策略，探寻其演进的轨迹。它将带领读者穿越时空，与那些伟大的数学家相遇，聆听他们的思考，感受他们的激情，领悟他们的智慧。而年轻的建成校长则是这奇妙旅程的引路人。

当前市面上也有一些相关的作品，但更多的是教育工作者从宏观角度的阐述，且偏重理论，缺乏出自教学一线的实践经验和紧密结合实际的生动教学案例。而本书的独特之处在于，它不仅深入挖掘了数学史的丰富内涵，而且将重点聚焦于如何切实有效地将数学史融入日常教学之中。

本书精心挑选了众多具有代表性的数学史教学案例，并详细阐述了如何巧妙地将其转化为生动有趣、易于理解的教学素材；同时还提供了一系列切实可行的教学方法和策略，帮助教师在课堂上引导学生通过数学史来领悟数学的本质，培养数学思维和创新能力。

在当今的教育环境中，我们应当积极倡导数学史与数学教学的有机融合。教师应当深入研究数学史，精心设计教学方案，以生动有趣的方式将数学史呈现给学生。正如荀子所云："不积跬步，无以至千里；不积小流，无以成江海。"让我们共同努力，使数学教学不再是单纯的知识传授，而是一场跨越时空的智慧之旅，让学生在数学史的光辉照耀下，更加热爱数学，更加善于思考，为未来的发展奠定坚实的数学基础。

亲爱的教育同人，请坚持对数学本源的探索，莫为困难所阻；也愿建成校长在数学的星辰大海中不断前行，以敏锐的洞察力和深刻的理解力，为读者展现数学更为丰富和绚烂的画卷。相信你的努力将为更多人开启数学之门，让他们领略这门学科的魅力与力量。

我想，建成校长编写这部作品是希望让更多的人了解数学史教学的魅力与价值，感受数学的力量与美感。让我们一同走进以数学史为主线的数学教学天地，领略数学这门学科的博大精深，汲取其中的智慧与灵感，为未来的数学教学研究和应用注入新的活力。

华应龙

北京第二实验小学副校长、特级教师

2024 年 7 月

前言：我与历史的"历史"

儿时，我就很喜欢读历史题材的书。说来惭愧，这倒不是因为自己有多么沉静爱学，而是出于功利目的：一方面我可以在回顾过去故事的过程中品味岁月的沧桑或激昂，另一方面则是可以在和别人聊天的时候更有底气地"吹牛"。而且一般来说，人们对擅长"谈古论今"的人通常有"博学多才"的评价和判断。

现在，年至不惑，我对历史的兴趣依然没有减退。当然，现在我再读历史书已少了年少时的肤浅理解和功利目的，更多的是希望通过历史去看清事物的本质，而后为自己的生活、工作、处事，乃至人生定位。随着对本职工作的执着追求，慢慢地我发现，缩小历史研究范畴后的部分，即数学史，对于我所从事的小学数学教学也是意义重大的。

那么，数学史的教学意义和价值体现在哪里呢？我想，对这个问题的深层次解答需要循序渐进，在这里我们先来"庖丁解牛"，看一看历史究竟是什么。

什么是历史呢？其实，这个看似简单的问题自古以来就困惑着每一位历史研究者，始终没有定论。有人认为，《春秋》《史记》《汉书》等史学巨著就是历史，而且持有这种观点的人并不在少数，当然他们大部分和我一样只是历史的爱好者，而非历史的研究者。从我个人的肤浅认识来看，我以为这些史学巨著不过是关于一些被选定的历史事件的记录，其并不是历史的全部。当然，也有一些人认为，历史就是过去的事情。从纯粹的时间角度看，这个观点是可以成立的。但是这样的历史又好像是毫无价值和意义的流水账，与自然社会相比，并不能凸显人类文明发展的历程和特征。

在《说文解字》中这样解释"史"："史，记事者也。"可见"史"一开始指的是某一官职，也就是现在古装电视剧里常出现的史官。追本溯源，"历史"一词由来已久。较早解释历史含义的有南朝宋史学家裴松之。《三国志·吴志·吴主传》当中记载："纳鲁肃于凡品，是其聪也……屈身于陛下，是其略也。"对此，裴松之注引《吴书》："（吴王）志存经略，虽有余闲，博览书传历史，藉采奇异，不效诸生寻章摘句而已。"由此可见，裴松之所说的历史就是指对过去事实的记载，亦指已过去的事实。从前许多人为历史下定义，都是为历史的记录下定义，不是为历史本身下定义。这种定义只能告诉我们什么构成了历史的记录，而不能告诉我们历史究竟是什么。我们应该在此类记录之外，另找真实的历史。由此可见，历史具有"真实、描述和诠释"三种特性。作为历史沧海中的一粟——数学史，也同样如此。"真实的发生""描述的形式""诠释的本质"为数学史的应用提供了依据，指明了方向。

现在看来，历史本身是个宏伟的体系，包含着过去的人文、教育、艺术等。同时，历史也是一门人文学科，它的科学性受到了学者的极大重视，其观点大致有三。第一，新文化运动时期的马克思主义史学家在唯物史观的理论指导下，认为历史学通过对包括人类文明发展中的经济因素等方面的深入研究能够发现人类文明发展的客观规律；第二，还有一部分学者认为历史学完全不同于自然科学；第三，有些学者强调历史学的相对性，将历史学的科学因素和历史学自身的特殊性相结合。正如克罗齐所说："一切真历史都是当代史。"历史工作者在描述一个客观存在的事实时所用到的语言、文字都不可避免地带有主观色彩，他们通过用词的选择已经对历史进行了建构，历史本身难以保持绝对客观，所以从严格意义上来说，历史学不是科学。

唐太宗说："以铜为鉴，可正衣冠；以古为鉴，可知兴替；以人为鉴，可明得失。"对此我个人认为，历史是严肃和活泼的共同体。不同于虚幻怪诞的小说，历史是真实人物组成的长篇巨著，里面的点点滴滴都是真实人物的真实经历，这是其严肃性的体现；在历史发展中，很多流传下来的故事或人物虽禁不起严格的考证，但其经过千百年的传承，已形成了另一种历史资源，这其实也就是其活泼性的体现。这两种看似矛盾的特征的结合成就了历史本身的魅力。

现实和历史有着不可分割的联系，正如马克思、恩格斯指出的："历史不外是各个世代的依次交替。每一代都利用以前各代遗留下来的材料、资金和生产力；由于这个缘故，每一代一方面在完全改变了的环境下继续从事所继承的活动，另一方面又通过完全改变了的活动来变更旧的环境。"这段话简单说来就是，后辈既不可能抛弃先辈留下来的遗产而在空无一物的前提下开始生活和创造，先辈也不可能不给后辈留下一定的遗产作为"启动基金"以供后辈生存和发展。

那么数学史呢？我想，仅仅从科学的发展过程这一个角度来看待数学史很显然是不够的。漫长的数学发展过程中流传下来的人、物、事都是我们重要的应用素材，甚至典型的"错误"和"失败"也未尝不是可以被我们加以利用的宝贵资源。作为当代人，我们可以看看前人的研究过程，用自己的发现印证前人的观点，古今结合，对比应用。将自己的学习过程与数学发展的历史本身相结合，其价值又何止"功在当代"，那可是"利在千秋"的伟大举措！

人的心智会随着经历的丰富和年龄的增长而愈加成熟，而历史恰好可以让我们体验前人的人生，让我们看到未来可能面临的很多问题。历史让我们能看到未曾看到的，体会不曾体会的，触及不能触及的。熟知历史的人更容易在掩卷时感慨，且思维更臻于成熟，对人心更加洞悉，对欲望认识更全面，从而在为人处世上更加从容。这类人或许也会因为历史知识的丰富而使品性有所改变，也更容易被历史影响到自己的生活。他们可以从历史中汲取智慧，从历史中吸取教训，从历史中获得新生。

对于我所从事了 20 多年的小学数学教学而言，历史的价值依然可以体现在其中：先贤的故事可以作为教学情境加以利用，圣人的格言可以作为智慧凝练后的感悟而让学生产生共鸣，前人的经验可以作为拓展资料让学生与自己的所学进行对比参考，诗词中的名句可以作为烘托气氛的调味剂而使课堂增色……这些都是数学史能够给我们这些教育工作者带来的方便和财富。

就这样，感慨和思考之后我写下了这部拙作。鉴于自身水平有限，惶恐之余，我真心地希望能够通过自己多年的教学经验和感受表达好自己的一点想法，也真诚地希望能够通过这些分享带给身处教学一线的同人些许灵感和思考，若真如此，我愿足矣！真诚地欢迎大家批评指正。

吴建成

2024 年 3 月 30 日深夜

目录

01 理论篇

数学史与小学数学教学的现实联系　3

小学数学教材中的数学史分析　42

小学数学教学中发挥数学史价值的基本原则　64

数学史的教育价值和融入方式　106

02 实践篇

以计算促历史的进步与发展：年、月、日　145

还原图形测量的价值与本质：平行四边形的面积　162

尊重认知发展的自然规律：单式折线统计图　178

创新历史经典的智慧与内涵：鸡兔同笼　198

基于传统文化的浸润与升华："圆"单元整体化

主题教学研究　218

后记　239

01

理论篇

数学史与小学数学教学的现实联系

数学学科本身是基于数数、计算、测量等人们在生活中的实际需求而衍生并逐步发展起来的。其发生、发展的自然过程成了数学学科本身的历史，即数学史。数学史以其客观性，深刻地揭示了数学知识的起源、应用与发展。它不仅引领学生深入体验数学知识的形成过程，更促进了他们对数学思维的真正理解。数学史在培养学生形成数据分析观念等数学素养方面，发挥着不可或缺的重要作用。与此同时，它也在助力学生不断深化数学认知的过程中，潜移默化地提升了学生的数学文化修养。

真正的数学教学是灵动的，它不仅要求教师深化学生对数学知识的理解和数学技能的掌握，还要培养学生的数学思维能力。此外，教师还应努力提升学生运用数学知识解决实际生活问题的能力。概括起来讲就是，教师要注重增强学生的数学核心素养。然而"理想是丰满的，现实却是骨感的"。现实中，数学被作为客观知识的典范，是客观知识世界最具有广泛性的"通用货币"。它的跨文化流通特性，使其赢得了客观知识领域的桂冠，进而导致在数学教学中存在把数学作为人生工具的教学理念。数学的教学目标被进一步窄化为掌握某项数学知识，甚至被简化为会解决某个数学问题的技能，而忽略了数学自身的发展历程带给人们的文化体验与经验传承。所以学生不能深刻解读数学知识的本质与内涵，不能创造性地还原数学家的数学发明、发现过程，无法在生动的数学文化体验中传承数学、感悟数学史的价值，进而体会数学思想与方法的内在魅力。

历史本身对于后人的价值是巨大的，不仅仅在教育领域，可以说"以史为鉴"是人类文明进步和发展的关键之一。前人无论是成功还是失败的经验都是后人宝贵的财富，这一点也是经过历史本身证明的。公元227年，蜀汉丞相诸葛亮在决定北上伐魏、夺取长安（今汉长安城遗址）之前给后主刘禅上书，写下了流传千古的《出师表》，其中原文这样写道：

亲贤臣，远小人，此先汉所以兴隆也；亲小人，远贤臣，此后汉所以倾颓也。先帝在时，每与臣论此事，未尝不叹息痛恨于桓、灵也。侍中、尚书、长史、参军，此悉贞良死节之臣，愿陛下亲之信之，则汉室之隆，可计日而待也。

其大意为：亲近贤臣，疏远小人，这是西汉兴盛的原因；亲近小人，疏远贤臣，这是东汉衰败的原因。先帝在世时，每次与臣谈论这件事，未尝不叹息与痛恨东汉桓帝刘志和灵帝刘宏在位时，宠信宦官，政治腐败。侍中、尚书、长史、参军，这些都是忠贞贤明、能够为保全节操而死（指以死报国）的大臣，希望陛下亲近、信任他们，那么汉朝的复兴就会指日可待了。

虽然伐魏的这段历史距我们有1000多年的时间，但我们依然可以从诸葛亮的《出师表》中感受到其恳切的言辞和审时度势的政治高度，也体会到了他"北定中原"的坚定意志和对蜀汉忠贞不贰的品格。其中"先汉所以兴隆"和"后汉所以倾颓"的鲜明例证正体现了"以史为鉴"的价值与作用。对此，南宋大诗人陆游有感而评价道："出师一表真名世，千载谁堪伯仲间。"

　　回到数学学科和数学教学本身，历史的价值依然明显。在当代的数学教学中，人们已经开始高度关注数学史和数学文化教学的结合。二者相辅相成，融为一个整体。史宁中教授曾明确指出，在小学数学中数学史是数学文化的重要表现形式。文化传承是教师的任务之一，数学史则是重要的教学素材，将二者结合是当代数学教师的追求。文化教学是一种超越式的、水平较高的教学，而数学史则为数学教师的文化价值追求提供了重要的途径和补充。因此，教师在数学知识的传授过程中，应努力引导学生了解数学知识的发现、探究和形成过程。

　　例如，在人教版小学数学教材六年级上册"圆"这一单元中，圆周率是整个单元的教学重点之一。其原因在于，对圆周率的认识是测量圆的各部分的先决条件。于是，在设计该教学内容时，我们团队的教师便查阅了关于圆周率研究历程的大量资料，在进行分类整理后，形成了相关的数学史内容，并努力将其融入小学数学教学当中。圆周率及其研究历程具体内容如下。

　　圆周率（Pi）是圆的周长与直径的比值，一般用希腊字母 π 表示，是一个在数学及物理学中普遍存在的常数，是精确计算圆的周长、圆的面积、球的体积等几何问题的关键值。人类对圆周率的研究大致经历了四个时期。

　　第一个时期：实验时期，即通过测量等动手操作方式研究圆周率的时期。

　　公元前 1650 年左右，古埃及的莱因德纸草书中记载圆周率等于 4/3 的 4 次方，约等于 3.1605。这是一个经验值。

　　第二个时期：几何时期，即通过几何图形研究圆周率的时期。

　　阿基米德从单位圆出发，先用内接正六边形求出圆周率的下界为 3，再用外切正六边形并借助勾股定理求出圆周率的上界小于 4。接着，他对内接正六边形和外切正六边形的边数分别加倍，将它们分别变成内接正十二边形和外切正十二边形，再借助勾股定理修正圆周率的下界和上界，后续逐步对内接正多边形和外切正多边形的边数加倍，直到内接正九十六边形和外切正九十六边形为止。最后，他求出圆周率的下界和上界分别为223/71与22/7。根据该下、上界，取两位小数，可得圆周率为3.14。

第三个时期：分析时期，即利用无穷级数或无穷连乘积研究圆周率的时期。

1948年，英国的弗格森和美国的小伦奇共同发表了圆周率的808位小数值。

第四个时期：计算机时期，即利用计算机研究圆周率的时期。

1949年，世界上第一台通用计算机ENIAC（Electronic Numerical Integrator And Computer）计算出了圆周率的2037位小数值。

…………

基于对以上数学史资料的分析和整理，我们团队便设计了一个教学流程：引导学生以不同的方式经历圆周率研究的全过程，即"实验时期""几何时期""分析时期"和"计算机时期"。

首先，教师通过提出一个了解圆的周长的实际需求来激发学生思考："在古代，人们为了测量圆坛、车轮的周长，以及制定历法，需要掌握圆的周长的计算方法，那么，圆的周长与圆的什么有关系呢？"

随后，在确定"圆的直径决定圆的大小"这一结论后，教师进一步引导学生聚焦"圆的周长是圆的直径的多少倍？"这一关键性问题。

接着，教师让学生通过亲自动手实践的方式独立进行研究。受学生年龄所限，实践研究中我们通常采用滚动测量圆的周长和绕绳确定圆的周长等方法。这也就是圆周率研究历程中的"实验时期"的体验。

学生获取数据后，再通过计算圆的周长与直径的倍数关系，可逐渐确定圆周率的数值范围和数值特点。在此环节中，教师可引导学生分析圆的周长与其外切正多边形周长和内接正多边形周长的关系，进一步明确圆周率的数值范围，同时强化学生计算圆的周长的意识。这也就是圆周率研究历程中的"几何时期"的体验。在通过一步步分析，使圆周率逐渐精确的过程中，教师应让学生明白学习圆周率的目的是什么，体会到数学知识的实用性。

最后，教师以拓展赏析的形式介绍圆周率的研究历史，并与学生的研究历程相对照，引导学生得窥圆周率研究的全过程。在这一过程中，考虑到学生已有的知识储备和年龄段，教师应以让学生间接学习的方式，引导学生了解圆周率研究历程中的"分析时期"和"计算机时期"的相关内容，激发学生的学习成就感和研究欲望。

由上面的教学流程可以看到，将数学史引入教学实践过程具有非常广阔的前景和极其重要的意义。那么，在实际的教学中数学史的应用现状又是什么样的呢？现今国内外数学史的研究进展如何呢？数学史的引入对小学数学教学的帮助有哪些呢？怎样才算发挥出了数学史的真正教育价值呢？……对于这些问题，教师都是非常关注的。

一、"我们"眼中的数学史——数学史在小学数学教学中的现实情况

现在，40岁左右的小学数学教师通常是学校的骨干力量，他们在参加工作前基本上是以中等师范学校的中专学历为原始学历；而30岁左右的小学数学教师虽然原始学历更高，但其原始学历的数学背景则较难保证。受学习经验和学习内容的影响，后者（指30岁左右的小学数学教师）对数学史的认识是有限的，但当今数学教学的发展使教师意识到了数学史在小学数学教学中的重要性，这种矛盾就造成了数学史教学成为数学教学的"华

丽的外衣"。数学史能否真正有效融入小学数学教学中就成了亟待研究的问题。为了更好地利用科学数据说明问题，我们团队的教师对北京市朝阳区的60名小学数学教师进行了问卷调查。

问卷调查主要分为四个方面：第一个方面是教师对数学史融入小学数学教材的认识情况，第二个方面是教师对数学史教育价值的认识情况，第三个方面是教师的数学史素养情况，第四个方面是教师将数学史融入教学的情况。

依据问卷调查设计的初衷，我们对收集到的调查数据进行了全面的分析，具体如下。

（一）教师对数学史融入小学数学教材的认识情况

调查数据显示：有90%的教师认为将数学史融入小学数学教材很有必要；70%的教师认为数学史对学生的数学学习很有帮助；约58.3%的教师认为小学数学教材中"你知道吗？"这一板块设计的数学史内容非常合理，20%的教师则认为比较合理，约21.7%的教师认为不太合理。

可见，教师普遍认可将数学史融入小学数学教材的必要性，并且大部分教师也认可其在促进学生数学学习中的作用。但是，我们从中也不难发现，一小部分教师对小学数学教材中数学史的编排情况不甚满意或者了解不够深入，这些教师有待加强对小学数学教材中数学史内容设计的深入认识和理解。

（二）教师对数学史教育价值的认识情况

调查数据显示，教师对数学史的教育价值予以了比较充分的肯定。尤其在数学史可以提升学生学习数学的兴趣方面，约88.3%的教师表示完全赞同。另外，75%的教师对数学史可以帮助学生了解数学的应用价值和文化价值表示完全赞同，约 73.3% 的教师对数学史可以帮助学生树立良好的科学品质、培养良好的科学精神表示完全赞同。但相比之下，只有约 21.7% 的教师对数学史可以帮助学生加深对数学概念、方法和思想的理解表示完全赞同，40% 的教师表示基本赞同，35% 的教师表示中立，甚至有约 3.3% 的教师表示基本反对。

由此可见，对于数学史在提升学生的学习兴趣、帮助学生了解数学的应用价值和文化价值，以及树立良好的科学品质、培养良好的科学精神方面的教育价值教师更加认可和肯定，或者说数学史的教育价值在上述几个方面更显而易见。而在帮助学生加深对数学概念、方法和思想的理解方面，从教师的主观认识上来看，数学史的教育价值体现不够突出，或者说一定程度上不易显现，教师对数学史融入数学教学的意义缺乏深刻的理解。

（三）教师的数学史素养情况

调查数据显示，教师对数学史知识的掌握情况不容乐观：对于小学数学教材中最基本的数学史知识，仅有 55% 的教师全部知道。

由此可见，教师的数学史素养亟待提高，这也为教师的专业化培训敲响了警钟。

（四）教师将数学史融入教学的情况

通过问卷调查中前三项调查的数据可以看出，教师将数学史运用于教学的经验并不十分丰富，教师接触过的以数学史为主题的公开课也并不多：只有约 8.3% 的教师经常有机会参加类似的主题课程；55% 的教师很少有机会参加；约 21.7% 的教师表示听说过与数学史有关的课程，但没有参加过；甚至有 15% 的教师表示从没有听说过这样的课程。

由此可见，当前从外部因素方面来看，对教师将数学史融入数学教学的引导和培训力度亟待加大。

此外，对"教师将数学史用于教学过程中面临的最大问题是什么？"的调查显示，教师从自身情况出发，发现运用数学史的困难大致有两点：其一，数学史知识不足；其二，不知如何对数学史料进行适当处理，以使其与课程主题融合，从而让数学史的利用更自然、协调。

对"你自己平时在数学教学中渗透数学史的方式具体有哪些？"的调查显示，实际教学中大部分教师集中于"上课前"或"下课前"介绍数学史知识（其中包括数学名人逸事、数学典故等），在课上不加解读和处理，渗透方式比较单一。

通过以上数据可以看出，数学史往往被作为数学教学中的"装饰"而存在，表面化、符号化和形式化的现象比较普遍。数学史在小学数学教学中的应用存在着明显的"高评价、低效应用"现象。究其原因：一方面是"依考定教"的现象妨碍了数学史在教学中的应用，另一方面是教师对如何发挥数学史的教育价值以提高教学实效的经验不足。小学数学教材中的数学史料大多被安排在相关学习内容之后，主要以阅读或者选学内容形式出现在"你知道吗？"板块中，这在一定程度上会导致教师将数学史料和数学教学割裂开来，以为数学史料只是一个阅读资料，可有可无。此外，教师自身数学史素养水平有限，造成对学生指导的缺位，使得数学史的教学流于"读一读材料""讲一讲人物故事"等形式，教学内容停留在数学史料本身，课堂上多讲"是什么"，却少讲"为什么"，从而使数学史教学变了味道，数学史本身的教育价值也大打折扣。

例如，我在多年前的一个数学史教学案例——人教版小学数学教材五年级上册"用字母表示数"的研究课，在当时被普遍认为是一节比较成熟的研究课，其中不乏亮点，尤其是数学史的融入更为教学增色不少。该研究课的具体教学过程如下。

新课伊始，教师首先带领学生回顾以往用字母表示数的已有经验，揭示主题；之后通过引入一个魔盒游戏，引导学生在乘法模型中初步建构新知，即用字母和含有字母的式子可以表示结果与关系；在此基础上，引导学生借助师生的年龄问题，在加法模型中寻找不变关系，完善认知；而后通过基础练习使学生巩固新知；最后，在梳理总结后，教师进行了数学史知识的拓展介绍。

在拓展介绍环节，教师展示了名为"你知道吗？"的用字母表示数的数学史介绍，解说词如下。

人们认识到用字母表示数的过程是很漫长的。古埃及人用小马表示10万。公元3世纪前后，希腊数学家丢番图开始用许多缩写符号表示数和一些运算，成为用字母表示数的先驱。这之后又经历了1300年，16世纪的法国数学家韦达才有意识地、系统地用字母表示数。

…………

用当前的教育观念重新审视当时这节课的教学视频资料可以发现，虽然环视课堂，学生听得都很认真，听课的教师也都觉得这节课比较新颖，但学生的眼神是空洞和茫然的，很显然这节课的内容并没有触动他们的情和知，更无所谓"灵魂"。

在课后，为了了解学生的学习情况，我出示了几个题目作为学后测试：

一、填空。

（1）$\triangle + \triangle + \triangle + \triangle = 16$　　　$\triangle = (\qquad)$

（2）$n-1$，n，$n+1$，$n+2$，（　　　）。

二、公交车上原来有 a 名乘客，到站后又上来了3名乘客，现在一共有（　　　）名乘客？

A. $a \times 3$　　　B. $a + 3$　　　C. 不能确定

三、长方形的长是3，宽是 n，你能用含有字母的式子表示出这个长方形的面积吗？

　　为了更好地说明问题，我们团队分析了上述题目的解答情况。通过数据统计我们发现：有约 97.8% 的学生答对了第一题，说明学生通过这节课的学习对于"用字母表示特定的数"和"用字母表示数的规律"的掌握情况良好；有约 88.9% 的学生答对了第二题；而只有约 71.1% 的学生答对第三题。通过后续的调查我们了解到，在答对第二题和第三题的学生中，有一部分学生虽然答对了题目，但是对"$a+3$"和"$3n$"用来表示一个结果仍是心存疑虑的，这反映出学生对于用字母或含有字母的式子来表示结果和数量关系理解不够透彻。

　　通过对这节课的教学效果的跟踪我们了解到，在后续的教学中仍有不少学生出现了在解题时不知道该设什么为"x"的情况。

　　深入分析后，我们认为原因有三：其一，学生不习惯用字母表示变化的数；其二，学生不习惯用含有字母的式子表示数量关系；其三，学生不习惯用含有字母的式子表示结果。而这些不习惯的内容也正是我们应该重新探索"用字母表示数"这节课新的教学方式和教学目标的核心所在。

　　再例如，人教版小学数学教材五年级上册"多边形的面积"这一单元的内容，其中教材 94 页"你知道吗？"板块介绍了数学史中的出入相补法，即刘徽的出入相补原理。教材原文是这样的："我国古代数学家刘徽利用'出入相补'原理计算平面图形的面积。出入相补原理是指：把一个图形分割、移补，而面积保持不变……"下方为教材中的相应图示。

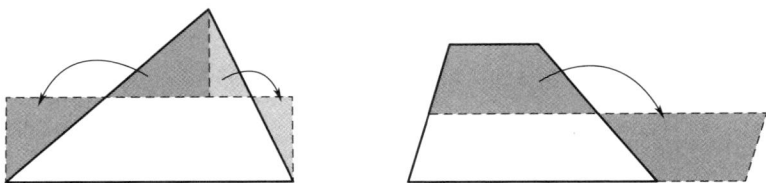

出入相补原理应用图示

历史上，刘徽用割补法，根据出入相补原理得出了各种常见图形面积公式的证明。很可惜的是，对于这样具有高度概括性和思想性的重要史料，在教学中大部分教师是在下课前将之作为数学文化以音频的形式播放给学生听的。教学中很少有教师借助这个数学史料来呈现数学家思考问题、解决问题的过程。殊不知，本节课中的此史料不仅可以帮助学生了解数学文化，也可以帮助学生深化数学技能。更重要的是，它是让学生体验数学知识的形成过程、理解数学的本质，以及向学生渗透化归思想的重要教育契机。

由此不难看出，作为教师的我们应该在教学中将学生自主学习数学的过程与数学本身发展的历程有机结合，充分发挥数学史的教育价值，进而实现育人的终极目标。但现实中数学史在小学数学教学中的应用远没有达到理想的状态，这就需要教师深入挖掘数学史料，重视其内在价值，对数学史的应用进行艺术加工，进而展现其独有的价值和魅力。

二、"他人"眼中的数学史——国内、外数学史研究的基本情况

在今天，学术界对数学史的研究并不是新兴的事物，在漫长的时间长河中有很多教育家和数学家从不同角度对数学史进行了分析与探索，并取得了丰硕的成果。回顾数学的整个发展史，我们很容易发现一些具有共性的事物，即一些新的数学分支的出现、数学学科的创立和发展，大多是通过创新教学思维与方式的形式实现的。同样，数学的发展史不仅是数学知识的累积史，更是数学思想和方法的聚集、沉积与演化史。伴随着数学学科的发展，现代的许多研究者也开始关注数学史的拓展研究，进一步聚焦数学史的教育价值及其实现路径。查阅近、现代数学的相关研究成果后，我发现已有相当数量的研究资料对数学史及其教育价值进行了

论述。

（一）国外研究现状

美国著名数学史家、美国历史上第一个数学史教授卡乔里认为，一门学科的历史知识乃是使面包和黄油更加可口的蜂蜜，它有助于使该学科更具吸引力。他在自己的书《数学史》的前言中进行了相关说明，大致意思如下。

如果用历史回顾和历史逸事点缀枯燥的问题求解和几何证明过程，学生的学习兴趣就会大大增加。算术课上的学生乐于听巴比伦人和印度人的研究工作，以及印度人发明阿拉伯数字的过程……当数学训练的价值受到人们的怀疑时，可引用哲学家柏拉图创办的学园门口牌子上写的那句话："不懂几何者免进。"学习解析几何的学生应了解点笛卡儿……在对历史的解说中，教师可以让学生明白：数学并不是一门枯燥呆板的学科，而是一门不断进步的生动有趣的学科。

人们真正开始大规模地将数学史与数学教学相结合的时间可以追溯到20世纪80年代初。1972年，英国召开了第二届国际数学教育大会，在会上成立了数学史与数学教学关系国际研究小组（International Study Group on the Relations between History and Pedagogy of Mathematics，简称 HPM）。1976年，HPM 开始隶属于国际数学教育委员会。HPM 现在几乎每年都要举行国际会议，出版会议纪要，为推动数学史与数学教学的结合做了许多卓有成效的工作。在 HPM 成立初期，美国数学史家和数学教育家对数学史的教育功能多有阐述，这些功能包括：激发学生的学习兴趣，改变学生的数学观，使数学人性化，让学生从原始文献中汲取数学家的原始思想和社会文化信息，帮助学生更好地理解和欣赏数学，增强学生的自信心，了解学生学习数学的困难和认知过程，为教材编写提供借鉴，等等。这些功能对我们今天运用数学史于数学教学具有一定的借鉴和指导意义。近年来，随着 HPM 研究的深入，越来越多的研究者开始关注数学史在课堂上的实际应用。研究者对将数学史融入数学教学过程中可能存在的问题进行了积极探索，取得了大量的研究成果，比如，研究者在数学教学的整体框架下，综合考虑数学史与教学要素的关系，建构了许多融入模式，如诠释学模式、资源联络模式、历史－心理的认识论模式、三面向模式、"为何－如何"模式。

通过以上研究不难看出，国外数学教育界很早就开始了对数学史的研究，并关注了数学史在数学教学中的教育价值。伴随着 HPM 的成立，许多数学家、数学史家和数学教育家的研究逐步从理论转向实践，深入研究有关的课堂设计、教学案例和课堂实验，所取得的研究成果对教学也有了更强的指导性和适用性。

（二）国内研究现状

我们国家的学术界从 21 世纪初开始关注 HPM。随后，一个供数学家、数学史家、数学教育家和教师交流的平台出现了，这就是于 2005 年 5 月 1—4 日在西北大学召开的第一届全国数学史与数学教育会议。此后，人们还组织召开了多次中国数学会数学史分会学术年会，2023 年的会议时间是 8 月 11—14 日。这次会议聚集了来自全国各地的数学史家、数学教育家、中小学数学教师，以及高校数学史与数学教育专业的研究生，大家共同交流数学史学术研究成果，并分享数学史在数学教学中的应用和实践经验。

在中国知网精确检索 1990 年以来的主题为"数学史"的文献，截至 2024 年 3 月份共检索到 10054 篇，其中包含"小学数学"主题的文献共 1248 篇，"数学史"主题下包含"教育价值"主题的文献共 359 篇。

由这些数据可以发现，国内有关数学史的研究越来越受到教育研究者的重视，而其中有关小学数学及教育价值的文献则相对较少。通过对以上文献的梳理和分析我们发现，数学史研究的内容主要集中在以下四个方面。

第一，数学史与数学教学的理论研究。在数学史与数学教学的理论研究领域，众多学者致力于探索数学史在数学教学中的应用价值、应用内容和应用方法。

第二，数学史与数学教学现状的调查和研究。吴绚灿在其 2016 年的硕士论文中指出，通过调查和分析她发现，教师已经开始重视数学史，并且开始尝试在教学中融入数学史。只不过大多数教师的认识不够全面、深刻，只停留于知道数学史的层面。而学生对数学史的兴趣较大，他们认为教材中收录的数学史料对学好数学有帮助作用，但教师讲授数学史的方式单一。

可见，教师迫切需要提升自己的数学史素养，并在教学过程中有目的地运用多种策略和方式向学生积极渗透数学史，从而使学生深刻体会到数学史的价值，进而提升学生的数学文化素养。

第三，数学史与数学教学的策略和方法的研究。著名学者张奠宙教授认为把数学史融入数学教学有助于把数学的"学术形态"变为"教育形态"。张教授的这一理念不但明确了将数学史融入数学教学中的具体任务，还为数学史的应用指明了具体方向。学者王红基于数学史教学中的问题从数学史料的选取、基于数学史料的局部探究、探究性作业中数学史料的融入和基于实验共同体的反馈与修正四个方面阐述了实现数学史教育功能的路径。[1]

第四，数学史渗透数学思想的研究。罗红英与杨静梅两位学者从师范教育的角度研究了"教材中数学史与思想方法的挖掘"，并针对地方高师院校数学史与思想方法在教材中的挖掘面临着重视程度不够和与中学数学

---

[1] 王红.数学史与数学教学的结合：问题与路径 [J].当代教育科学，2014（16）：
     63-64.（注：引文有修改）

脱节等诸多问题强调，在教材中挖掘蕴含的数学史与数学思想方法，有助于揭示获取数学知识的思维过程，展现数学知识发生与发展的原貌，引导学生体会真正的数学思维，创造一种探索与研究的数学学习氛围。[1]

（三）对已有研究的评价

从上述研究文献中可以看出，越来越多的学者意识到数学史与小学数学教学结合的重要性。国内关于数学史与数学教学的研究成果颇为丰富，但也存在如下的不足。

第一，对于数学史教育价值的研究因视角不同而观点众多，缺乏系统性。从研究方法和思路上看，大多数研究者很少关注研究方法，基本上是用经验性描述代替思辨性研究，实证性研究更为缺乏，特别是目前在小学数学教学中，结合数学史的教学案例较为缺乏。

第二，数学史家大多只关注数学史的本来面目，缺乏对数学史在中小学数学教学中应用的关注，造成数学史的史学或者学术形态难以转化为教育形态。而教师缺乏对数学史料的把握能力，特别是在中小学数学教学的数学史料研究和应用方面更为缺乏。

第三，在当前，有关数学史的教学研究大多集中于初高中阶段，小学阶段的数学史教学研究则较少。大多数研究者较少关注研究对象，比如：有的研究者将不同年龄段的数学史教育笼统地表述为"数学史教育"。

因此，基于以上对相关文献的分析我们可以得到如下启示。

（1）系统梳理数学史核心价值的框架，可以为发挥数学史的教育价值提供理论指导。

---

[1] 罗红英，杨静梅. 教材中数学史与思想方法的挖掘 [J]. 普洱学院学报，2014，30（6）：24.

（2）有目的地开展数学史专题教学和渗透教学研究，可以填补现有的研究空白，并对已有的研究成果进行实证。数学史教学不能停留在课堂中讲个故事，或者根据教师对数学史的重视程度决定是否将其引入课堂，而是应该将数学史教学与教材紧密结合，有明确的教学目标引领，做到有的放矢。

（3）结合教学实际开展实证研究。以往的数学史教学研究大多停留于"经验性描述"，较少思辨，更缺乏实证研究。我们团队的教师作为一直在一线从事小学数学教学的工作人员，有着进行实证研究的丰富经验和便利条件，本书后面将结合团队教师的教学案例进行分析和分享。

（4）依据研究对象选择恰当的教学素材和策略。著名的数学特级教师吴正宪倡导"让儿童享受'好吃又有营养'的数学"。"好吃"意味着可以提起学生的兴趣；"营养"则说明其具备的实效性价值，能够作为促进教学效率提升的"发动机"和"催化剂"。很显然，数学史就具备这样"好吃"和"营养"的先天基因。

提到"吃"，不禁让人联想到一则广为流传的趣闻逸事——"袁枚吃豆腐"。

袁枚是清朝乾隆年间的进士，字子才，号简斋，浙江钱塘（今杭州）人。其人才华出众，诗文冠江南。他与纪晓岚有"南袁北纪"之称。袁枚除了爱好诗文，还好吃，也懂得吃，是当时的一位烹饪专家。他著有《随园食单》一书，是我国介绍饮馔食事的一部重要著作。

有一天，杭州有一个名士请袁枚吃豆腐，没想到这豆腐是和芙蓉花烹煮在一起的。豆腐清白如雪，芙蓉花颜色艳似云霞，吃起来清嫩鲜美，令人回味无穷。袁枚急忙请教做法。主人秘不肯传，只要他多吃一些。一盘豆腐很快吃完，眼见宴席即将结束，袁枚自恃身份又不愿强求，不由得面生焦虑，主人见此笑道："古人不为五斗米折腰，你肯为豆腐三折腰，我就告诉你。"

袁枚即席折躬，躬毕大笑，说："我今为豆腐折腰矣！"

主人告诉他这道菜叫"雪霞羹"，以豆腐似雪、芙蓉如霞而得名，并告诉他如何烹调。袁枚归家后如法炮制。

毛俟园吟诗记此事云："珍味群推郇令庖，黎祈尤似易牙调。谁知解组陶元亮，为此曾经三折腰。"袁枚为豆腐折腰，一时传为美谈。

…………

豆腐在日常生活中再普通不过，但就是这样一种再普通不过的食材，却使得大才子袁枚为之"折腰"。可见，再普通的食材，经过厨师一双巧手的加工，也能够焕发出远远超越其自身的价值；而再珍贵的食材，也需要烹饪者的高超厨艺，才能更好地体现其原有的身价，不然则有暴殄天物之忧。

数学史就可以看成是数学教学中的"食材"。教师应该依据学生的认知特点灵活选择适当的数学史料，以不同年龄学生更易于接受的形式进行教学，这样才能够保留数学史的"营养"，令其"好吃"。

三、理想者眼中的数学史——数学史融入小学数学教学的构想

在这个世界上，绝对的完美是不存在的，但相对的理想是可以追求的，合理、适当、高效和满意都是一种理想的状态。那么，数学史融入小学数学教学的理想状态是怎样的呢？要回答这个问题，我们需要从两个角度进行分析和论证。

首先，我们需要正确理解数学史的意义和价值。数学史，简单地说就是研究数学的历史。它不仅追溯数学内容、思想和方法的演变与发展过程，还探索影响这种过程的各种因素，以及历史上数学的发展给人类文明带来

的影响。因此，数学史的研究对象不仅包括具体的数学，而且涉及历史学、哲学等社会科学与人文科学的内容，既属历史学领域，又属数学领域。因此，数学史研究既要遵循历史学规律，又要遵循数学规律。根据这一特点，研究者可以将数理分析作为数学史研究特殊的辅助手段，在缺乏史料或史料真伪莫辨的情况下，站在现代数学的高度，对古代数学的内容与方法进行数理分析，以达到正本清源、理论概括和提出历史假说的目的。

其次，我们还需要从宏观的角度来看看教育政策及数学课程标准中对数学史融入数学教学的定位。

2016 年 9 月 13 日，《中国学生发展核心素养》研究成果正式发布。文件指出："学生发展核心素养，主要指学生应具备的，能够适应终身发展和社会发展需要的必备品格和关键能力。""总体框架"部分指出："中国学生发展核心素养，以科学性、时代性和民族性为基本原则，以培养'全面发展的人'为核心，分为文化基础、自主发展、社会参与三个方面，综合表现为人文底蕴、科学精神、学会学习、健康生活、责任担当、实践创新六大素养，具体细化为国家认同等十八个基本要点。"就数学教学而言，数学史作为权威的课程资源及数学文化的重要载体，在促进学生人文底蕴素养及科学精神的形成中起着重要的作用。

我国在课程改革过程中对数学史及数学思想的重视程度越来越高，数学史在数学教学中的重要作用日益凸显。《课标》将数学史的研究与应用从幕后推向了台前，数学史在教学中的合理应用正是《课标》要求的体现。《普通高中数学课程标准（实验）》中将数学史列为高中数学学习阶段的选修内容。不仅如此，初中数学教材中也介绍了有关的数学史。在小学阶段，《课标》中提到："教材编修要勇于打破固有教材模式，为教材使用者提供广泛的素材资源和开放的使用空间。如教材中介绍数学文化、数学发展前沿等。内容设计要反映数学在自然与社会中的应用，展现数学发展史中伟大数学家，特别是中国古代与近现代著名数学家，以及他们的数学成果在人类文明发展中的作用，增强学生的爱国情怀和民族自豪感。如介绍《九章算术》《几何原本》、珠算、机器证明、黄金分割、计算机层析成像（CT）技术、大数据等内容，以及祖冲之、华罗庚、陈景润等数学家的事迹。"

细细研读、静心思索，我们会发现《课标》中将数学史视为数学文化的组成部分。那么，数学史应该以一种什么样的姿态出现在我们的教学当中才能体现其真正的价值呢？在深入分析和理解的基础上，我认为，理性化的数学史应用应该发挥出数学史如下几个方面的功能，才能够真正体现出其内涵的价值。

（一）体现教学目标定位功能

教学目标是关于教学将使学生发生何种变化的明确表述，是指在教学活动中所期待得到的学生学习结果。在教学过程中，教学目标起着十分重要的作用。教学活动以教学目标为导向，且始终围绕实现教学目标而进行。作为教师，我们都知道在设计一节课的时候，教学目标的制定是首位的。它决定着教学整体的推进和发展。从一定程度上讲，教学目标制定的合理性是一节课成功的关键。而数学史中的大量素材都可以有效地辅助或完善教学目标的制定，这体现了数学史的参照性价值，实现其教学目标定位的功能是数学史理想化应用的一种体现。具体来说，在数学史的辅助下，我们可以通过如下几个方面完成对教学目标的修正和设置。

第一，在数学史料体验中深化知识目标。知识需要在社会、文化情境中获得，并构建其意义。所以，我们应当在数学史的视域中认识知识目标，在社会情境中建构和理解知识，在数学体验中掌握知识，在文化品味中领略知识的意义。数学史中的很多经典问题都可以作为知识目标达成的载体。

例如，中国数学发展史中著名的定理"中国剩余定理"，是中国古代求解一次同余方程组的方法，是初等数论中的重要定理之一。一次同余方程组问题可见于数学著作《孙子算经》，叫作"物不知数"问题，原文如下。

今有物不知其数，三三数之剩二，五五数之剩三，七七数之剩二。问物几何？

它的意思是，一个正整数除以 3 余 2，除以 5 余 3，除以 7 余 2，求这个正整数。因为《孙子算经》中首次提到了这个问题，所以在中文数学文献中也会将中国剩余定理称为孙子剩余定理。

相传中国剩余定理的提出源自楚汉相争时期的历史故事。查阅相关资料可知，故事版本大致有两个，其一具体内容如下。

韩信率 1500 名将士与楚军大将李锋交战。苦战一场后，楚军不敌，败退回营。汉军也死伤四五百人，于是韩信整顿兵马返回大本营。当韩信一行人行至一山坡时，忽有后军来报，说有楚军骑兵追来。只见远方尘土飞扬，杀声震天。

汉军本来已十分疲惫，这时队伍大哗。韩信领兵马到坡顶，见来敌不足五百骑，便急速点兵迎敌。他命令将士 3 人一排，结果多出 2 人；接着命令将士 5 人一排，结果多出 3 人；又命令将士 7 人一排，结果多出 2 人。

韩信马上向将士们宣布："我军有 1073 名将士，敌军不足 500 名，我们居高临下，以众击寡，一定能打败敌人。"汉军本来就信服韩信的统帅，又见他如此快速地算出了剩余人员的数量，就更相信他是"神仙下凡""神机妙算"，于是士气大振。一时间旌旗摇动，鼓声喧天，汉军步步紧逼，楚军乱作一团。交战不久后，楚军大败而逃。

其二具体内容如下。

有一天，汉高祖刘邦问大将韩信："你看我能带多少兵？"

韩信回答说："陛下你最多能带 10 万兵吧！"

刘邦听了不大高兴，于是问："那你呢？"

韩信非常骄傲地说："我来点兵，当然是多多益善！"

刘邦心中更加不高兴了，就想了个方法要为难韩信。他传令叫来一小队士兵，让他们隔着墙在外面列队，问韩信这个小队一共有多少人。韩信发令 3 人站成一排。不久后，有人进来报告说最后一排只有 2 人。韩信又传令 5 人站成一排。随后，又有人进来报告说最后一排只有 3 人。韩信再次传令 7 人站成一排。来人报告说最后一排只有 2 人。

这时，刘邦望向韩信问："敢问将军，这队士兵总共有多少人？"

韩信想也没想，脱口而出："23 人。"

刘邦大惊，心生杀机。

"物不知数"问题的别名有很多，如"韩信点兵""隔墙算""鬼谷算"。用来解决该问题的中国剩余定理的文化内涵极其丰富，不同的时代有不同的描述。对中国剩余定理的形式多种多样的证明，其实是对该定理一系列精彩的解读，散发出丰富、浓厚的文化韵味。将这样的数学文化知识融入数学教学，不仅增加了知识的深度，更为知识增添了无穷的趣味，使之引人入胜。

第二，在历程经历中达成过程目标。古希腊著名的数学家毕达哥拉斯曾经说过类似这样的话："在数学的天地里，重要的不是我们知道什么，而是我们怎么知道什么。"数学教学过程中，过程目标的达成已经越来越被教师所关注。当然，要了解知识发生和发展的过程，就要探寻数学家思维的历史轨迹。

展现、重温人类精彩的数学思维过程，其实是体验数学文化的选择、积累的传承过程。数学史恰恰扮演了传承过程的完美诠释者这一角色，它详尽地记录了数学家在探索过程中所运用的归纳、类比、联想等方法。通过综合分析，数学家运用公理、定义和已证明的定理进行严谨的演绎论证，从而揭示了数学内部严谨的逻辑次序和联系。

第三，在重现实践中提升技能目标。数学技能是数学家思考的结果，蕴含着方法和技巧。这些技能构成了数学知识的精髓，而不仅仅是数学的一部分。"在教科书和学校的课程中，都将'数学'看作是一系列毫无意义的、充满技巧性的程序。把这样的东西作为数学的特征，就如同把人体结构中每一块骨骼的名称、位置和功能当作活生生的、有思想的、富于激情的人一样。如同一个单词，如果脱离了上下文，不是失去了原来的意义，就是有了新的含义一样，在人类文明中，数学如果脱离了其丰富的文化基础，就会被简化成一系列的技巧，它的形象也就被完全歪曲了。"[1]

数学史中有着众多的数学问题，前人方法的不断优化和完善都为今人数学技能目标的确立提供了重要参考，是难得的宝贵财富。例如，著名的勾股定理就体现了数学技能的发展和优化。勾股定理是一个基本的几何定理，是人类早期发现并证明的重要数学定理之一，是用代数思想解决几何问题的最重要的工具之一。

勾股定理的证明方法多种多样，据不完全统计，约有 500 种（一说 400 多种），是证明方法最多的数学定理之一。

在我国，约公元前 11 世纪，数学家商高就提出"勾三、股四、弦五"。《周髀算经》中记录了商高同周公的一段对话。商高说："……勾广三，股修四，径隅五。"其意为，当直角三角形的两条直角边分别为 3（勾）

[1] 克莱因. 西方文化中的数学［M］. 张祖贵，译. 上海：复旦大学出版社，2007：2 – 12.

和4（股）时，径隅（弦）则为5。以后人们就简单地把这个事实说成"勾三、股四、弦五"，并称勾股定理为商高定理。

公元3世纪，汉末三国初数学家赵爽对《周髀算经》内的勾股定理进行了详细注释，记录于《九章算术》中："勾股各自乘，并而开方除之，即弦。"赵爽创制了一幅"勾股圆方图"，用数形结合的方法，给出了勾股定理的详细证明。后来，刘徽在《九章算术注》中亦证明了勾股定理。

清朝末年，数学家华蘅芳提出了多种勾股定理的证明方法。

在国外，早在公元前约2000年的巴比伦人就知道和会应用勾股定理，他们还知道许多勾股数组。美国哥伦比亚大学收藏着一块编号为"普林顿322"的巴比伦楔形文字泥版文书，上面就记载了很多勾股数。除此之外，古埃及人在建造宏伟的金字塔和测量尼罗河泛滥时受到冲刷的土地时，也应用过勾股定理。

公元前6世纪，古希腊数学家毕达哥拉斯发现了勾股定理，因而西方人都习惯地称这个定理为毕达哥拉斯定理。

公元前4世纪，古希腊数学家欧几里得在《几何原本》第一卷末记载了勾股定理的证明。

1876年，加菲尔德发表了他对勾股定理的一种证明方法。

20世纪，《毕达哥拉斯命题》这部作品出版，它收集了毕达哥拉斯定理的367种不同的证明方法。

…………

在漫长的历史中，勾股定理的证明过程就是一个值得人们研究的大问题，其背后丰富的教育素材可以被我们加工后应用于教学。如果说上面描述的是"线状"数学史的价值，那么其中还有很多著名的故事可以作为"点状"数学史素材而让我们加以利用，比如著名的"总统证法"。

1876年，在美国华盛顿的郊区，一位中年男士正在落日的余晖下悠闲地散步。这位男士便是当时美国国会众议员加菲尔德。他走着走着注意到附近一个小石凳旁，有两个孩童正专注地讨论着什么，他们时而大声争论，时而小声探讨。出于好奇心，加菲尔德缓步靠近，想要了解他们究竟在探讨什么。他看到其中一个小男孩正蹲在地上，用树枝勾勒出一个直角三角形。

加菲尔德询问他们在做什么，其中一个小男孩头也不抬地问："先生，如果一个直角三角形的两条直角边的长度分别是3和4，那么它的斜边的长度是多少？"

加菲尔德不假思索地回答："当然是5。"

小男孩紧接着提出另一个问题："那么，如果两条直角边的长度分别是5和7，斜边的长度又是多少？"

加菲尔德迅速回应："斜边的平方一定等于5的平方加上7的平方。"

小男孩继续追问："先生，您能解释这背后的道理吗？"

这个问题让加菲尔德一时语塞，他发现自己竟无法给出满意的解释，心中不免感到些许挫败。于是，他决定结束散步，立刻返回家中，深入研究这个由小男孩提出的问题。经过反复的思考和计算，加菲尔德不仅理解了其中的数学原理，而且找到了一种简洁的证明方法。

用数学语言来说证明过程是这样的（见下图）：

因为 $S_{直角梯形ABCD} = \dfrac{1}{2}(a+b)^2$

$\qquad\qquad\qquad = \dfrac{1}{2}(a^2 + 2ab + b^2)$

又因为 $S_{直角梯形ABCD} = S_{\triangle AED} + S_{\triangle EBC} + S_{\triangle CED}$

$\qquad\qquad\qquad = \dfrac{1}{2}ab + \dfrac{1}{2}ba + \dfrac{1}{2}c^2$

$\qquad\qquad\qquad = \dfrac{1}{2}(2ab + c^2)$

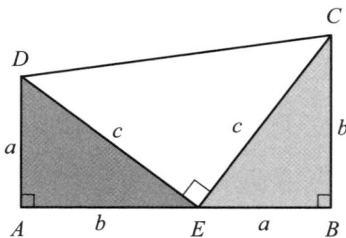

"总统证法"图示

所以比较上述二式便得$c^2 = a^2 + b^2$。

1881 年，加菲尔德就任美国第 20 任总统。他以对勾股定理的直观、简洁、易懂、明了的证明而闻名，这一证明方法因此被后人尊称为"总统证法"，以纪念他在数学领域的卓越贡献。

…………

数学史从"线状"和"点状"两个层面为我们提供了丰富的教学素材。在完整的故事背景下，这种有趣的素材不仅完善了学生的认知、启迪了学生的智慧，还是教师德育工作中的宝贵资源。

第四，在文化体验中落实情感态度与价值观目标。随着当今社会人们主体意识的增强，情感态度和价值观目标的确立与实现更是受到教师的极大关注。这种目标的确立与实现离不开人们对数学文化的体验。一个个美妙的数学定理像一串串绚丽的珍珠，透过它们理性的"外衣"我们可以进一步看到数学家生生不息奋斗的画面。

数学知识中蕴含的历史和文化可以深化学生对人类智慧的欣赏之情，满足学生的审美需求，展现数学家严谨、求真的治学精神。以数学史为代表衍生出的数学文化对生命意义的领悟、对知识和求解方法的理解都是具有积极意义的。

例如，数学家丢番图一生都致力于对数学的探索。丢番图著有《算术》一书，原有 13 卷。书中收集了许多有趣的问题，每个问题都有出人意料的巧妙解法，这些解法可以开动人们的脑筋，启迪人们的智慧。然而，关于丢番图的生平，人们所知甚少。尽管如此，可以肯定的是，数学贯串了他的一生，甚至在他去世后，其墓志铭也散发着数学的魅力和对人生的深刻思考。墓志铭的主要内容如下。

过路的人啊！

这里埋葬着丢番图。

请计算下列数目，

便可知他一生经过了多少寒暑。

他生命的六分之一是幸福的童年；

又过了一生的十二分之一，他的两颊长出了细细的胡须；

再过去一生的七分之一，

他结婚建立了幸福的家庭；

婚后五年有了可爱的儿子，

可惜儿子的寿命只有父亲的一半；

晚年丧子真是可怜，

儿子死后，老人在悲痛之中度过四年就与世长辞。

请你算一算，丢番图活到几岁，

才和死神见面？

这个与众不同的墓志铭不但本身就是一个数学问题，具备应用数学知识加以解决的条件，能够起到相应的数学学习的目的，而且更重要的是，它蕴含着丢番图与数学融为一体的精神境界。这对于学生全面认识数学学科能够起到不可估量的作用。

数学史料可以被教师加以利用，成为教育资源。特别是从情感态度与价值观角度来看，数学史料能够让学生深刻感受到数学家的精神风貌和高尚品行。教育是实现人的社会化，促进人的精神和思想生成与提升的手段。文化可以唤醒人的精神和思想，人的精神和思想需要通过文化的教育塑造。学生在体验数学文化的魅力、感受人文精神的同时，可以体会到数学的价值。

（二）体现学习兴趣提升功能

鉴于数学史本身素材的演绎性特点，融入小学数学教学的数学史应充满趣味性。小学生的年龄和心理特征决定了他们的学习行为是以兴趣为主导的。尽管数学知识常常以抽象概括的方式进行形式化的表达，但小学数学教学不应该照本宣科，不应该是"学科状态"下的教学，而应该是"教育状态"下的教学。同样，对数学史的讲解也是如此。

例如，在讲授历史名题"韩信点兵"的时候，我依托数学史中的具体故事，并结合自身对评书的了解设计了两段评书，且采用长课时（60分钟课时）的形式，将数学课和评书结合起来，尝试将数学史的价值凸显于教学。具体讲授时，上课前我先以故事作为引入，下课前再以故事作为补充，具体过程如下。

环节一，上课前以故事作为引入

师："同学们，今天我们要上一节思维训练课。在正式上课之前，我先给大家说一段评书好吗？"

生1："好。"

师："那就且听我徐徐道来！"

以下为评书内容的解说词。

今天讲的是汉高祖刘邦和大将韩信的故事。一天，汉高祖刘邦问大将韩信："韩将军，你看以寡人我的才能可以带多少兵呢？"

韩信垂手答道："以主公之才干可统率铁甲十万！"

刘邦听罢，心中窃喜，顺嘴问道："那你呢？"

韩信淡然地说："臣我呀，当然是多多益善啰！"

那刘邦心中顿时不悦，沉着脸说道："将军如此大才，我很佩服呀！现在，我有一个小小的问题向将军请教，凭将军的才学，想来答起来一定容易！"

韩信不紧不慢地说道："但请主公说来！"

刘邦狡黠一笑，传令叫来一小队士兵隔墙站队，然后问道："将军可知帐外士兵人数几何？"

刘邦想："隔着墙看你如何计数？想来纵然你才华出众，这个问题也一定难倒你！"

只见韩信不慌不忙，传令道："帐外士兵三三数之，余数报我！"刘邦一愣，没明白韩信要干什么，就没加阻拦。帐外小队长报道："禀将军，三三数之余二。"

韩信点点头，又传令道："帐外士兵五五数之，余数报我！"帐外小队长又报道："禀将军，五五数之余三。"

"七七数来，余数报我！"韩信再次传令。

"禀将军，七七数之余二。"帐外小队长又报道。

韩信脱口而出："帐外士兵二十三人。"刘邦大惊，连忙查点人数，果然一个不多一个不少，正好二十三人。刘邦心悦诚服，他问道："将军是怎样算的？"

韩信说："臣幼得黄石公传授《孙子算经》，孙子乃是鬼谷子的弟子，这本书中载有此题的解答口诀。"

师："同学们，听完这个故事，你们有什么数学问题吗？"

生1："韩信具体是怎么算的？"

生2："《孙子算经》里面记载的口诀是什么？"

生3："为什么韩信要三三数、五五数、七七数？这里面有什么道理吗？"

…………

就这样，一个个的数学问题直指中国剩余定理的本质与核心，学生的探索欲望在故事的牵引下达到了新的高度，研究欲望被点燃，数学兴趣随之高涨了起来。

环节二，下课前以故事作为补充

师："同学们，让我们回到这节课最开始的评书中的故事，你们觉得韩信这个人如何？"

生1："韩信很聪明。"

生2："韩信很好学。"

生3："韩信很有修养，他总是不急不躁的。"

师："的确，韩信不仅才智过人，而且是一个很有修养和胸怀的人。关于韩信的故事你们还想再听吗？"

生（大家异口同声，兴趣高涨）："想！"

师："那就且听我一一道来！"

以下为评书内容的解说词。

且说那韩信自幼失去双亲，机缘巧合之下，拜大军事家尉缭为师，学艺十几载。艺成之日，尉缭将随身宝剑赠予韩信。韩信身挎宝剑，回家途中遇一屠夫当众羞辱自己。他对韩信说："你这厮虽然长得又高又大，其实胆子小得很，今日身挎宝剑，招摇过市实在可恶！有本事的话，你敢用你的佩剑来刺我吗？如果不敢，要么把佩剑留下予我，要么就从我的裤裆下钻过去。"

韩信胸怀大志，不愿意因小失大，他淡然处之，当着许多围观人的面，便从那个屠夫的裤裆下钻了过去。在场的人都嘲笑韩信，认为他很胆小。

后来，韩信荣归故里，又找到那个屠夫。屠夫很是害怕，以为韩信要杀他报仇，没想到韩信却善待屠夫。他对屠夫说，没有当年的"胯下之辱"就没有今天的韩信。

正如唐朝大诗人李白的《赠新平少年》一诗所描述的：

韩信在淮阴，少年相欺凌。

屈体若无骨，壮心有所凭。

一遭龙颜君，啸咤从此兴。

千金答漂母，万古共嗟称。

…………

师："同学们，听完这个'胯下之辱'的故事，你们又有什么感想呢？"

生1："如果韩信当时受不了胯下之辱，那么他就不会有后来的成功。"

生2："韩信很有胸怀，有容人之量。"

生3："我们要学习韩信的坚忍品质。"

…………

通过上述教学案例，我们可以清晰地看到，这节课将数学教学置于人类数学史的宏伟背景之中，为学生提供了坚实的学习基础和丰富的学习材料。在这样的教学环境中，学生的学习不再是一种被动接受，而是变成了主动探索。通过这样的学习过程，学生能够更深刻地理解数学知识，同时也能够感受到数学与人类文明发展之间的紧密联系。

（三）体现实践操作体验功能

数学知识以其符号化的文字呈现于我们眼前，而数学家探索数学知识过程中充满激情的思考往往被这些形式化的东西给遮蔽了。固然，形式化有助于数学理论的简洁与系统化，它能够以简明的方式表达数量关系和空间形态。然而，数学的本质并不是形式，其生动的内涵不应被形式的海洋所淹没。

面对数学的抽象性，学生常常感到枯燥、与现实脱节，难以领会其深意。但如果学生能从数学的历史背景出发，通过实践操作的体验来理解数学的本质，那么数学学习将变得充满生机、趣味和真实感。

学习并非一个仅凭间接经验就能完成的简单任务，它要求学生亲自投身于实践之中，将理论知识与实际应用相结合，以实现学习的最终目标，否则不能称之为真正的学习。正如"纸上谈兵"这一成语所揭示的，理论与实践相结合的重要性不言而喻。

中医的诊疗过程也是一个绝佳的例证。医生通过望、闻、问、切四种诊断方法，全面地洞察病人的病情。这四诊合一，方能精准施治。同样，学习数学知识也需要学生追溯数学发展的脉络，通过动手实践和亲身体验，深刻理解数学的精髓，使之内化于心，并在心中生根发芽。

（四）体现思维发展促进功能

以"用字母表示数"的教学为例，通过回顾用字母表示数这一数学知识的历史演进过程，我们可以了解到代数符号的发展经历了一段悠久的岁月。这一过程打破了确定数与不确定数之间的壁垒，实现了从算术到代数的重大跨越。代数符号的演变主要经历了三个阶段：文辞代数、缩略代数和符号代数。而用字母表示数的历史演进顺序则是从表示特定的数，到表示未知数，再到表示一类数。这个过程虽然看似简单，但实际上经历了1000多年。

历史总是相似的，我们可以预见，数学家在数学概念发展阶段遇到的难题，同样也会成为学生学习的难点。那么，我们便可以预料到，对于学生而言，用字母表示一类数就是最大的难点。因此，在教学设计中，我们应当根据用字母表示数的历史演进过程来设计相应的活动和问题。这并不意味着我们要严格依照数学史来设计问题，而是需要结合学生的认知水平，对历史进行再创造，将"历史形态"转化为"教育形态"。

现有的教材往往缺乏让学生充分体验用字母表示数的内容。由于学生之前习惯于使用具体的数字，他们可能会对用字母表示数产生抵触心理。

因此，在教学过程中，我们需要积极引导学生认识到字母出现的必要性。通过"古人表示数量方法的由来及发展变化"这一切入点，我们可以对例题进行调整，并补充史料和实例，以丰富学生的感知。经过调整，学生对用字母表示数的认知将经历一个循序渐进的动态过程：从用字母表示特定的数，到表示不确定的未知数，再到表示可变的数、表示数量关系，最终达到表示一类数的阶段。

再例如，根据数学史中的三阶纵横图（称为"九宫"）设计的思维训练课，目标是通过引导学生逐步解决独立研究过程中遇到的难题，让学生实现数学方法的提炼和数学思维的深化。具体的教学过程如下。

环节一，故事引入，创设情境

师："《射雕英雄传》这本书你们看过吗？在这本书中有两个人物，一个叫郭靖，另一个叫黄蓉，他们可谓是武功盖世，聪明绝顶。有一天，黄蓉身受重伤，亟须寻找一位名为瑛姑的高人，她在黑泥沼中隐居，拥有绝世的疗伤本领，但黑泥沼的入口设有机关，要想开启进入神秘的黑泥沼的机关需要解答下面这个问题。"

> 将 1、2、3、4、5、6、7、8、9 这 9 个数字填入格子中，使横行、竖行、斜行上的 3 个数字的和都相等。

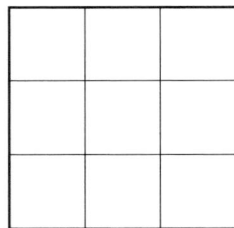

师："请一位同学给大家读读。"

生 1："将 1、2、3、4、5、6、7、8、9 这 9 个数字填入格子中，使横行、竖行、斜行上的 3 个数字的和都相等。"

师："大家能帮助黄蓉解答这个问题吗？请你们独自试一试。"

学生尝试独立填写。

导学的目的不仅仅是激发学生的学习兴趣，更重要的是为数学模型的建立预热。教师可选取生活中的实例作为切入点，这在引发学生对数学问题的思考的同时，也可激发学生的学习兴趣，培养学生的数学意识，并为后续的研究奠定基础。

环节二，基于经验，自主探索

学生尝试独立填写后，教师让学生进行汇报交流。

师："请同学们互相检查一下是否都填写正确了。另外，你们想知道黄蓉是怎么填的吗？我们来一起看看大屏幕上黄蓉解答开启黑泥沼机关问题的口诀（见下图）。"

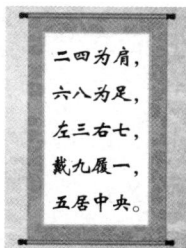

二四为肩，
六八为足，
左三右七，
戴九履一，
五居中央。

黄蓉解答开启黑泥沼机关问题的口诀

师："对于黄蓉和大家填写的内容，你们有什么问题吗？"

生1："口诀是怎么编出来的？"

生2："最中间的一定填5吗，可不可以填别的？"

生3："一共有多少种填法？"

生4："口诀背后的原理是什么呀？"

师："是呀，口诀背后的原理到底是什么呢？同学们的答案是什么呢？今天我们就来一起研究这背后的数学原理。"

从环节二的互动中不难看出，教师所面对的学生不是一张白纸，而是具有独立认知意识、具备一定学习经验和生活经验的学习者。教师基于学生已有的经验，对学生进行进一步的培养，有助于学生知识的系统化、条理化，有利于学生寻找知识新的生长点。

现代数学教育对结论性知识的重视程度远高于对在学习过程中凝练数学方法的重视程度。现实生活中绝大多数学生对于三阶纵横图有一定的了解，但这种了解也仅限于对结论的记忆，只知其然而不知其所以然。

因此，教师应引导学生通过自主研究提炼解决问题的方法，建立数学模型。对数学的学习不仅是数学知识的学习，而且是数学思想和方法的学习。让学生重温学习知识的方法和过程，不仅有助于学生对知识的理解，而且可以教会学生一种科学研究问题的方法和流程，引导学生体会"鱼"与"渔"之间的辩证关系。

环节三，深入探索，揭示本质

· 整体思考

学生分成小组讨论交流，然后进行汇报。

生1："我们小组讨论的结果是，先算出每行、每列数字相加相等的和是（$1+2+3+4+5+6+7+8+9$）$\div 3 = 15$。"

师："为什么要除以3？"

生1："因为不管怎样，数字1至9都会放进格子中，所以3行或3列的总和就是这9个数字的总和；又因为是3行或3列，所以用总和除以3就可以得到每行或每列相等的特殊'和'了。"

师："大家能够从宏观的角度进行思考，非常了不起！通过这样的方式可得到和是15这一重要线索。在数学中，我们把这样的思考方式叫作整体思考。"

·局部思考

学生分成小组讨论交流，然后进行汇报。

生2："由于15是3个数字的和，所以我们研究了将15拆分成3个不同数的方法。"

1＋5＋9	2＋4＋9	3＋4＋8	4＋5＋6
1＋6＋8	2＋5＋8	3＋5＋7	2＋6＋7

师："这些算式中，哪个数字最特殊？为什么？"

生3："5最特殊，因为5在8个算式中出现的次数最多，共出现了4次。"

师："5应该放在哪个位置？2、4、6、8又该放在哪儿呢？为什么？"

生3："5必须放在中间位置，因为只有中间位置上的数字在计算3个数字之和的时候会用到4次。"

生4："2、4、6、8必须放在4个角的位置上，因为只有4个角的位置上的数字在计算3个数字之和的时候会用到3次。而且只有2、4、6、8这4个数字在8个算式中出现了3次。"

师："根据大家的说法，我们来填一填。验证一下，横行、竖行、斜行3个数字的和是不是15。最后，大家反思一下，我们是如何解决这个问题的呢？"

生3："我们先整体思考和计算出格子中横行、竖行、斜行上3个数字的和是15，再局部思考和观察组成15的3个数字的具体可能，通过对比找到特殊数字和特殊位置就可以填写了。"

师："真了不起，大家不光能从整体思考，还能关注到局部特征。"

环节四，以史为鉴，拓展认知

师："今天我们研究的是我国古代著名的三阶纵横图，称为'九宫'。

由于它是由 3 行、3 列组成的，又被称为三阶幻方。今天这节课，我们就主要研究的是三阶幻方。"

接下来，教师通过环节三得出的思考方式引导学生解答下面的问题。

> 将 2 至 10 填入格子中，使横行、竖行、斜行上的 3 个数字的和都相等。

学生解答完后，教师向学生讲述中国古代与三阶幻方有关的故事。

相传，与九宫相关的图形出现在 4000 多年前，那时，有一条名叫洛河的河流频繁泛滥成灾。大禹带领百姓去治理洛河。在这一过程中，一只巨大的乌龟从河中浮现，其背上长有纹、圈、点，且自列成组，形成一幅奇异的图。这幅图被人们称为"洛书"。

…………

数学史中的故事可以有效地激发学生学习数学的兴趣，使课虽终结而思维不止。在教学中教师引导学生对问题解决过程的认识已经不仅仅局限在数学或科学领域，而是上升到世界观的高度。虽然现阶段的学生不可能全面地理解，但种子已悄然种下。这体现的是一种"大数学观"。

（五）体现文化感受提升功能

数学创造出各种超越直接经验的数学结构来描绘大自然和人类社会，大大发展了人类的理性思维，促进了人类思想的解放，丰富了人类的精神世界。作为数学文化载体的数学史在揭示理性思维的文化渊源、培养学生数学文化素养等方面具有独特的教育价值。例如，我们在教学中可以借鉴著名特级教师华应龙在讲授"圆"这一课时的教学片段。

华应龙老师（以下简称华老师）："孩子们，我们以前认识图形特征通常是从边和角两个方面来进行的。圆作为我们熟知的几何形状，无疑也具备了大家所讨论的这些特征。那么，你们是否知道，古人是如何描述圆的特征的呢？"

华老师在黑板上写道：圆，一中同长也。

华老师："你们明白这句话的意思吗？'一中'指什么？"

生（学生们争抢着回答）："一个中心点。"

华老师："那什么是'同长'？"

生（学生们争抢着回答）："半径的长度都是一样的！直径的长度都是一样的！"

华老师："那么，圆有这个特征吗？"

学生们认可地点头。

华老师："难道正三角形、正方形、正五边形、正六边形（见下图），它们不是'一中同长'吗？"

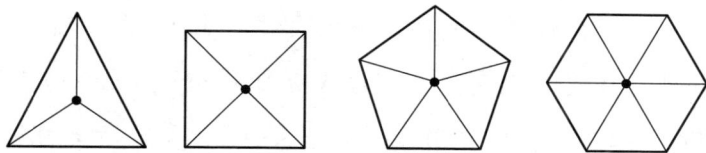

正三角形、正方形、正五边形、正六边形"一中同长"示意图

学生们沉默了，都专注地思考着。片刻后，学生们的手陆续举起来。

生1："如果我们从三角形的中心向其3条边作线段，那么这3条线段的长度通常是不相等的。"

华老师："哦，原来当我们将三角形的中心与三角形的3个顶点相连时，这3条线段的长度是相等的。然而，如果连接的是三角形上非顶点的其他位置，那么这些线段的长度就不再相等了。那么，圆呢？"

生（学生们纷纷回答）："都一样！一样长！"

华老师："是啊，圆心到圆周上的点的距离都是一样的，没有哪个点搞特殊！正三角形内，中心到顶点相等的线段有 3 条，正方形内有 4 条，正五边形内有 5 条……那圆呢？"

生 2："无数条。"

华老师："为什么是无数条？"

生 3："因为圆上有无数个点。"

华老师："那谁来说说，半径是一条怎样的线段？"

生 1："一端在圆心，另一端是圆上任意的一个点。"

华老师："请看（课件演示正多边形边数不断增多最终转变成圆的动态过程）。"

生 3："正多边形逐渐变成了圆形！"

华老师："现在是正 819 边形。"

生 2："哇！"

华老师："看到刚才的画面，你们有什么想法？"

生（学生们争着站起来）："我认为圆是一个正无数边形！"

华老师："佩服、佩服！用老子的话来说就是'大方无隅'。'大方'就是指最大的方，同学们猜一猜'隅'是什么意思？"

生（学生们异口同声）："角！"

华老师："真佩服！不用猜都知道！这样看来，圆是不是一中同长？"

生 4："对！"

华老师："'圆，一中同长也。'这句话是墨子说的。墨子的发现比西方人早了 1000 多年……那就让我们带着这份自豪，试着以古人的样子读一读这句话。"

…………

在这个教学片段中，华老师在引导学生初步探究并得出圆的特征之后，引出了古人对圆的特征的认识——"圆，一中同长也。"为了体现圆的独特之处，华老师又将圆与正三角形、正方形、正五边形、正六边形进行对比，一点一点地完善学生对圆的特征"一中同长"的深入理解。学生在这个过程中积极思考，与华老师进行有意义的交流，教学过程流畅自然。华老师通过引导让学生发散了思维后，再抛出与学生既有思维的矛盾点，让学生积极思考的同时领会数学的严谨性，这样学生在习得了知识的同时，推理、想象和思辨的能力也得到了培养。

华老师重视对数学史料文化功能的挖掘，而没有将数学史料作为教学的点缀。这点主要体现在华老师给学生讲解墨子的"一中同长"、老子的"大方无隅"思想，带学生体验古人的智慧上。

历史上，唐太宗李世民正是借鉴了隋朝衰败的历史教训，任贤纳谏，开创了"贞观之治"。英明的帝王"以古为鉴"可以促进一个国家的发展，决定一个民族的命运。这一历史借鉴的重要性同样适用于教育领域。教师通过借鉴数学史，可以完善教学结构，丰富教学内容，提升教学效果，并落实学科素养。数学史的教育作用在于使学生体验数学家的严谨态度和思维方式，增进学生对数学系统结构的理解，促进知识的有效迁移，帮助学生形成良好的数学观念。

小学数学教材中的数学史分析

从小学、初中和高中的课程标准我们不难发现，数学教学不只注重数学知识的传授，还强调数学文化的传承与创新。然而，在讨论数学史与数学教学的关联时，人们往往将焦点放在教学互动的两个主体——教师和学生上，而对于构成教学三角形的第三个关键顶点——数学课程本身，却鲜有深入的探讨。事实上，"数学史融入数学教材"已成为数学史与数学教学关系国际研究小组（简称 HPM）的重要课题。据此，本章对人教版、北师大版和苏教版小学数学教材中的数学史内容进行了梳理和分析。

一、人教版小学数学教材中的数学史分析
（一）统计数学史内容

基于以上的认识，为了了解现行小学数学教材中数学史的编排情况，我们团队对教育部于 2022 年审定的人教版小学数学教材中的数学史内容进行了初步统计，结果如下表所示。

人教版小学数学教材中数学史内容统计

具体教材	页码	数学史内容	呈现形式
一年级上册	60	算筹	你知道吗？
	72	古埃及象形数字	你知道吗？
	85	古代计时工具	你知道吗？
一年级下册	4	七巧板	你知道吗？
二年级上册	51	乘号的由来	你知道吗？
	86	"九九歌"	你知道吗？
二年级下册	17	除号的由来	你知道吗？
三年级上册	99	分数的表示方法	你知道吗？
三年级下册	63	《九章算术》"方田"章	你知道吗？
	74	一年的天数	你知道吗？
	92	小数的表示方法	你知道吗？
四年级上册	16	数的产生	学习内容
	17	阿拉伯数字	你知道吗？
	21	算筹记数	你知道吗？
	23	计算工具的认识	学习内容
	35	亩	你知道吗？
	48	格子乘法	你知道吗？
	70	默比乌斯带	数学游戏
四年级下册	33	小数的名称	你知道吗？
	99	鸡兔同笼	数学广角
	100	鸡兔同笼	阅读资料
	102	百僧百馍	思考题
五年级上册	63	方程	你知道吗？
	79	鸡兔同笼	练习题
	90	《九章算术》"方田"章	你知道吗？
	94	出入相补原理	你知道吗？
	101	七巧板	思考题
	111	毕达哥拉斯树	思考题

具体教材	页码	数学史内容	呈现形式
五年级下册	17	哥德巴赫猜想	你知道吗？
	22	几何学和欧几里得	你知道吗？
	35	《九章算术》——体积	你知道吗？
	67	《九章算术》——约分术	你知道吗？
六年级上册	14	极限	你知道吗？
	49	黄金比	你知道吗？
	61	圆周率	你知道吗？
	66	割圆术	你知道吗？
	81	恩格尔系数	你知道吗？
	109	杨辉三角	练习题
六年级下册	5	负数	你知道吗？
	29	圆柱容球	你知道吗？
	69	抽屉原理	你知道吗？
	103	七桥问题	你知道吗？

（二）调查分析

通过上表的统计我们可以看出，在 12 册的人教版小学数学教材中，数学史料主要是以"你知道吗？"的形式，用简短的篇幅以图文并茂的形式介绍了与教材内容对应的数学知识。这些史料的选取真实、简单，呈现形式也适合学生的认知特点，有利于促进学生对所学知识的掌握及对相关史料知识的了解。

除此之外，四年级上册中的"数的产生"和"计算工具的认识"是以学习内容的形式来呈现的，这两处都是通过故事的形式将历史上出现过的记数方式和计算工具呈现给学生。而四年级上册的"默比乌斯带"是以数学游戏的形式呈现的，教材通过游戏的方式向学生介绍了默比乌斯带，在游戏活动中增加学生的生活常识，使学生了解传动带的工作原理。

四年级下册的"鸡兔同笼"则先是以数学广角形式呈现的。教材对这一古算趣题先做了历史介绍。接着，教材分别以文言文和白话文形式呈现问题。随后，教材又以阅读资料的形式补充介绍了古人对这一问题的解决方法。"鸡兔同笼"这一问题在五年级上册又以练习题的形式再次出现。通过将这一问题巧妙地融入练习题中的方式，学生不仅有机会再次接触和思考这一问题，而且能够在实际操作中掌握并运用方程的相关知识，从而更有效地解决类似"鸡兔同笼"这样的数学问题。

五年级上册的"毕达哥拉斯树"和六年级上册的"杨辉三角"分别是以思考题与练习题的形式呈现的，意图让学生在做题的同时了解更多的数学史知识。

（三）数学史在教材中的渗透方式

"教材中渗透数学史的方式众多，主要体现在两大方面：一方面，数学的传承性与融合性，前者体现时间维度，后者体现空间维度；另一方面，数学的应用性，即对其他学科的发展与社会生活的影响等。"[1]

数学的传承性我们通常认为是指数学知识、理论和方法在历史长河中的发展与延续。以人教版小学数学教材四年级上册为例，教材中图文并茂地呈现了记数的发展过程：人们最开始用实物、结绳、刻道记数，后来，中国的古人进一步创造了工具，开始利用算筹记数。这一过程不仅展示了记数方式的逐步优化，也反映了数学在不同历史时期的演变和发展。数学的传承是一个连续的、动态的过程，从古到今，人们前赴后继地继承与发展着数学，丰富着数学史。作为数学教师的我们，在教学中引导学生了解

---

[1] 陈朝东,穆琳.数学史在我国小学数学教材中的渗透[J].现代中小学教育,2013(3):7–10.（注：引文有修改）

数学史时，都带着一份自豪与责任。

通过学习数学史，我们见证了不同国家和地区数学思想、理论和方法的融合与交流，这一现象被称为数学的融合性。它不仅促进了数学知识的广泛传播，也加速了数学理论的创新与发展。以人教版小学数学教材四年级上册为例，该册书中就巧妙地融入了数学融合性的教学内容。在介绍计算工具的演变时，教材首先向学生展示了中国古代的计算工具——算筹和算盘；之后介绍了17世纪英国人发明的计算尺，以及欧洲人发明的机械计算器，这些都是数学与科技结合的重要里程碑；接着教材又呈现了在20世纪出现的第一台电子计算机和电子计算器；人们日常生活中不可或缺的台式计算机、笔记本计算机和平板计算机则未收录，而是呈现了超级计算机。

又如，人教版小学数学教材五年级下册既介绍了哥德巴赫猜想，又指出我国数学家陈景润在这一领域取得了举世瞩目的成果。在教材中呈现著名的中外数学家不仅有助于拓展学生的数学史知识，还有利于培养学生面对数学学习时不怕挑战、勇于挑战的精神风貌。与此同时，国内外数学史的融合也体现了"数学是全人类共同的财富""发展数学是全人类共同的责任与义务"的数学史全球发展观。

数学的应用性体现在其与各学科之间的紧密联系和对社会生活的深远影响上。数学作为一种普遍的语言和工具，不仅在科学、工程、经济等领域发挥着核心作用，而且已经渗透到我们日常生活的方方面面。通过数学的应用，学生能够更深入地理解世界，更好地解决实际问题，并推动社会的进步与发展。

例如，在六年级上册中介绍了"黄金比"，并图文并茂地展示了五角星的黄金比（见右图），凸显了数学知识与美术学

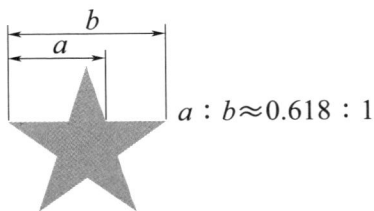

$a:b \approx 0.618:1$

五角星的黄金比

科之间的紧密联系。

又如，在六年级下册中呈现的"七桥问题"。教材中介绍了数学家欧拉如何将生活问题转化为几何问题（一笔画问题），为学生进一步了解、学习数学家欧拉通过探讨"七桥问题"开创了图论和拓扑做铺垫，同时也体现了数学源于生活，以及用数学思想和方法去解决实际生活问题的重要意义。

（四）思考及实践

通过以上对统计的分析可以看出，数学史在课程改革中已经受到了一定程度的重视，在人教版小学数学教材中也占据了一定位置。教材中选取的数学史料真实、简单，呈现形式适合小学生的认知特点，有利于他们对所学知识的理解。但结合我们团队教师所在学校的教学实际，在统计和分析的过程中我们也进行了如下的思考。

第一，根据教学内容整合数学史料，提高教学实效。通过整理教材中的数学史料，我们不难发现教材中有内容重复的数学史料，例如，在四年级下册和五年级上册都有"鸡兔同笼"的问题，在实际教学中教师是否可以在恰当的时机整合这几部分内容，开展有关这一古算趣题的专题教学？这样能方便学生系统地掌握这一类问题。

第二，改变教学方式，将数学史融入教学内容。教材中编排的数学史内容，大多数是以阅读和选学内容的形式出现在"你知道吗？"板块中的。初步统计来看，这些数学史融入数学教学的方式大都为"附加式"，而不是"融合式"，这势必会造成教师将数学史和数学教学割裂开来。这就导致大部分教师对数学史的应用仍存在简单化倾向，使得数学史的教育流于形式，其作用大打折扣。因此，教师要改变教学方式，从数学史和教学内容之间的内在联系入手，深入挖掘数学史中蕴含的数学思想、方法和文化内涵，将数学史有机地融入数学知识教学中。

第三，加强数学史素养，丰富数学史教学内容。历史经验告诉我们，一名优秀的教师对学生的影响是巨大的。大数学家欧拉、高斯、牛顿等的成才都离不开他们的教师的培养。因此，数学教师应该努力加强自身的数学素养，特别是比较薄弱的数学史素养。

为此，教师可以通过以下几个方面来加强自己的数学史素养。

第一，阅读有关数学史的书籍，提高自身理论水平和科研能力；第二，参考或借鉴其他版本数学教材中的有关数学史料介绍；第三，丰富和拓展教材中的数学史料，不应局限于教材现有的数学史料，而应根据数学知识发展的历程挖掘更丰富的数学史料。例如，在教学"用字母表示数"这一内容时，教师可引导学生尝试用符号去表示数学对象（数、数量关系和变化规律等），经历符号化的过程，理解符号的作用和价值，积累运用符号的数学活动经验，从而促进学生符号意识的建立。

我们团队主要通过以下途径提高教师的理论水平和科研能力。

第一，加强理论学习。思想是行动的先导，我们团队为团队教师购买了《奇妙数学史》《数学文化小丛书》《数学史走进小学数学课堂》《九章算术》《几何原本》《数学家讲解小学数学》《数学基本思想18讲》等图书。通过对相关数学史知识的系统学习，教师的科研意识和数学史素养在整体上得到了强化。

第二，指导撰写论文。撰写论文不仅是一个运用理论、反思实践并进行综合性逻辑思维的过程，还是一个能够显著提升教师在总结、提炼和展示教学与科研成果方面能力的有效途径。为了鼓励教师积极参与科研活动，我们团队要求团队教师每学期撰写一篇论文，以此作为个人专业成长和发展的重要步骤。

起初，大多数教师在撰写论文时只会罗列事实，堆砌教学案例，生搬硬套名家名言，缺少理性分析，更缺少自己的观点。针对这些问题，我们着重进行了两项工作：一是进行集体性专题指导，讲论文写作的基本知识和技巧，包括如何确定问题，如何对大量感性材料进行去粗存精的筛选，如何从实践经验中提炼有价值的观点，如何对教学案例进行准确分析和说明，如何恰当地运用有关的数学史料等；二是请到了我们团队教师所在学校主管科研工作的王慧旻副校长进行有针对性的辅导，她指出，教师在撰写论文之前，应先拟一个详尽的提纲，并对其进行反复打磨，尤其要关注论点的明确性和论文结构的合理性。论文初稿撰写完成后，指导人员会在审读后找教师面谈，提出具体的修改意见，重点在理性分析和逻辑论证方面给予详细指导，从而不断提高教师撰写论文的能力。随着被指导教师数量的增多，论文的获奖率也有所提升。

第三，开展专题讲座。为了深化教师对教育理论的系统理解，我们团队教师所在学校特别安排时间，邀请一些在理论上造诣深厚，同时又拥有丰富实践经验的教师来学校开展专题讲座。

在创作本书的过程中，我们团队教师所在的学校已经成功举办了三场教育理论专题讲座。这些讲座内容针对性强——专门针对教师在教育研究和教学改革中遇到的难题进行设计。特别是有关数学史的讲座，更是精心策划，旨在解决教师在实际教学中的具体困惑，提升他们的理论素养和实践能力。

发挥数学史的教育价值除了提高教师的业务能力外，我们也要清楚，数学教学本身是一个复杂的过程，任何一个教学要素都可能影响到教学效果。在将数学史融入数学教学的过程中，教师不仅要考虑数学史料的内部联系，还要充分考虑数学史料与教学内容、学生认知结构的关系，以及数学史的融入模式等问题。在小学数学教学中融入数学史，发挥其教育功能，是数学教育改革的一项重要任务，不仅是教师的责任，更需要数学史家和教材编写者的共同努力。

二、北师大版小学数学教材中的数学史分析
（一）统计数学史内容

我们团队对北京师范大学出版社出版（即北师大版）的教育部分别于2012年和2013年审定的小学数学教材中的数学史内容进行了初步统计，结果如下表所示。

北师大版小学数学教材中数学史内容统计

具体教材	页码	数学史内容	呈现形式
一年级上册	74	算筹	学习内容
	75	石子计数[1]	练习题
	76	结绳计数[2]	阅读资料
一年级下册	25	刻痕计数[3]	阅读资料
	40	七巧板	学习内容
二年级上册	57	尺和寸	练习题
二年级下册	16	指南针	阅读资料
	24	算盘	数学活动
	26	用甲骨文、算筹表示数	阅读资料
	30	祖冲之的故事	练习题
	93	爱因斯坦的故事	练习题
三年级上册	79	少年高斯的故事	你知道吗
	81	小数的表示方法	你知道吗
三年级下册	37	计算乘法的方法	你知道吗
	48	质量单位	你知道吗
	57	我国古代面积的表示方法	你知道吗
	69	分数的表示方法	你知道吗
四年级上册	12	计数方式的发展与演变[4]	学习内容
	13	进制	你知道吗
	35	计算工具的认识	学习内容

续表

具体教材	页码	数学史内容	呈现形式
四年级上册	87	《九章算术》——负数	你知道吗
四年级下册	3	《九章算术注》——小数	你知道吗
	66	未知数	阅读资料
	75	《九章算术》——方程	你知道吗
五年级上册	42	哥德巴赫猜想	练习题
	43	寻找质数的方法	你知道吗
	99～100	鸡兔同笼	练习题
五年级下册	4	分数的表示方法	你知道吗
	28	《庄子·天下》——分数	思考题
	47	体积	你知道吗
六年级上册	4	《墨经》——圆	你知道吗
	12～13	圆周率的历史	阅读资料
	31	《算法统宗》歌诀	练习题
	79	黄金分割比[5]	你知道吗
	95	恩格尔系数	你知道吗
六年级下册	43	金字塔	你知道吗
	54～55	莫比乌斯带[6]	数学活动
	64	数的扩充	阅读资料

注：［1］、［2］、［3］和［4］"计数"应写作"记数"；

［5］"黄金分割比"应写作"黄金比"；

［6］"莫比乌斯带"应写作"默比乌斯带"。

（二）调查分析

1. 数学史类型

通过上表的统计我们可以看出，在 12 册的北师大版小学数学教材中，数学史料主要是以"你知道吗"的形式呈现的。其中，数学史的类型主要有数学家的趣闻逸事和经典的数学问题等。另外，还有少量的数学史料是以阅读资料的形式呈现的，有效地补充了与当前学习内容相关的拓展知识，增进了学生对学习内容的了解，进而从数学史的角度让学生对学习内容的掌握更牢固。

除此之外，一年级上册的"算筹"、一年级下册的"七巧板"、四年级上册的"计数方式的发展与演变"（"计数"应写作"记数"）和"计算工具的认识"是以学习内容的形式呈现的。这些内容都是通过故事配以适当的图片，依照史料记载的时间顺序，来展示古代记数方式和计算工具的。而二年级下册的"算盘"和六年级下册的"莫比乌斯带"（应写作"默比乌斯带"）是以数学活动的形式呈现的，让学生亲自动手感受数学模型。另外，还有几处数学史料是以练习题和思考题的形式呈现的，这样编排的好处是：一方面可以让学生在解题的同时汲取数学史料养分；另一方面可以让学生在了解古人的解题方法后，换个角度思考问题，有助于提高学生的思考力。

2. 数学史内容的年级分布特征

北师大版小学数学教材在低年级部分精心设计了简短的阅读资料，将其作为渗透数学史知识的载体。这些阅读资料并非单纯的短语段或是语句阅读，而是通过"读一读，说一说"或"读一读，讲一讲"等互动性标题，鼓励学生在阅读和理解数学史料的基础上，对简短的数学史料进行复述，甚至相互交流讲解，以进一步加强对数学史料的理解与认识。考虑到不同年级学生的认知水平差别，数学史料的呈现不论是字数上还是内容上都分出了清晰的层次，循序渐进。随着学生年级的升高，教材逐渐引入了较长的语段资料，其大多以"你知道吗"这种中长语段资料的形式出现。此外，六年级下册的教材中还出现了以阅读资料形式呈现的"数的扩充"长语段资料。

3. 数学史融入教材的方式

北师大版小学数学教材在融入数学史方面，明显倾向于采用显性融入的方式，这种方式在教材中的运用频率高于隐性融入。具体到数学史的呈现类型，我们可以看到教材普遍通过"你知道吗"或阅读资料等直观形式，向学生展示数学家的故事或其他拓展性内容，因此显性融入的数学史料较为丰富。相比之下，隐性融入的例子则更为微妙，例如在四年级上册中，记数方式的发展与演变过程被巧妙地通过图画和短语段相结合的方式展现出来。这种结合不仅相辅相成，而且生动地描绘了从远古时代人们使用石子、结绳、刻痕进行记数，到各地文明逐渐发展出各自独特的记数系统，如古埃及的象形数字、玛雅数字、中国的算筹数码，最终逐步演进到使用印度 – 阿拉伯数字记数的历程。

4. 数学史内容设计

北师大版小学数学教材对数学史内容与学习内容的设计可简要地分为由学习内容引出数学史内容和由数学史内容引出学习内容两种方式。

由学习内容引出数学史内容，即在知识点内容之后拓展出相关问题的发展历史或相关数学家在发现和解决问题时的小故事。例如，六年级上册教材在介绍圆的周长的学习内容时提到了圆周率的概念，在紧接下来的内容中便详细介绍了有关圆周率的发展历程：最开始人们使用最古老的测量法，后来古希腊数学家阿基米德利用圆内接和圆外切正多边形计算的方法，再后来介绍我国魏晋时期数学家刘徽的割圆术，然后介绍了我国南北朝时期数学家祖冲之取得的领先成果，最后又介绍了 2000 年人们利用电子计算机计算圆周率所达到的成就，此外还补充了圆周率符号表示的历史。对著名的中外数学家的研究和成就的介绍让学生体会到，数学学科的发展是国内外数学史的融合，是世界人民智慧的结晶。

由数学史内容引出学习内容，即先介绍学习内容的相关数学史料，再从中提炼出数学问题，最后进行知识点的讲解和后续练习。例如，四年级上册关于"计算工具的认识"部分，教材从我国古代的计算工具算筹开始讲解，接着介绍了算盘，之后介绍了第一台自动计算机，随后是美国人发明的第一台电子计算机，并将其运算速度与当今世界上运算速度最快的计算机相比较，最后提出问题，引出计算器使用方法的教学和练习的进行。在历史脉络的引导下，教材巧妙地提出了相关问题，自然过渡到计算器的使用方法，进而展开了相应的教学和练习活动。

5. 数学史信息载体

北师大版小学数学教材中数学史的呈现形式可以归纳为三种：第一种是纯文字描述；第二种是在文字描述的基础上，辅以少量图片进行补充说明；第三种则是以图片为主，辅以少量文字进行说明或解释。在教材中，数学史的呈现主要以文字或图文结合的方式为主，这种方式能够更详尽、深入地阐释数学史料，同时也有助于培养学生的阅读理解能力，以及从文本中提取、整合信息的能力。相比之下，以图片为主的呈现方式在教材中使用较少，但这种方式因其直观性和趣味性，在展示数学史与数学活动相结合的内容时尤为有效。通过图片，学生可以更直观地感受到数学知识的发展历程，从而产生探索数学的兴趣。而文字或图文结合的呈现方式，则更注重对数学史内容的深入挖掘和系统阐述，有助于学生形成严谨的逻辑思维，以及进行批判性思考，从而全面提升学生的数学素养和综合能力。

6. 数学史呈现方式

借鉴汪晓勤教授提出的数学史融入数学教学的四种方式，我们将北师大版小学数学教材中呈现数学史的方式分为五种：点缀式、附加式、复制式、顺应式、重构式。这五种方式各有特点，既能够丰富教学内容，也能够激发学生的学习兴趣，帮助他们更全面地理解数学。

根据对北师大版小学数学教材中数学史信息载体的统计分析，我们可以了解到该教材并没有采用单一的图片形式来呈现数学史，因而数学史并无点缀式应用。相反，教材普遍采用了附加式的方法，在学习内容的基础上拓展相关的数学史内容。在复制式的应用中，教材直接引入了未经修改的、原汁原味的数学史上的真实问题，并采用了前人的解决方法。这种方法让学生更真切地感受到数学的历史发展情况。与复制式相比，顺应式的应用则更加注重将数学史上的真实问题与学生的实际生活经验相联系。在这种应用中，数学史上的真实问题经过适当改编，更贴近学生的日常生活，从而更易被学生理解与接受。至于重构式的应用，则更加深入地挖掘了数学知识的形成过程。教材通过重构数学概念的发展历史，采用符合学生认知规律的教学方法，帮助学生构建起对数学知识起源和发展的深刻理解。

（三）数学史在教材中的渗透方式

在北师大版小学数学教材中，数学史的渗透方式主要体现了数学的操作性、整体性和基础性。

数学的操作性体现在数学问题解决的过程中，它允许我们构建或利用各种数学模型，通过动手实践的方式来探索和解决问题。

例如，二年级下册中的"算盘"部分先介绍了算盘的历史和使用规则，再让学生利用算盘尝试拨出"2014"。亲自动手尝试，能够激发学生对数学史料的好奇心，进而增加对学习内容的兴趣。

又例如，六年级下册中的"莫比乌斯带"（应写作"默比乌斯带"）部分先利用普通环形纸带与莫比乌斯带进行对比，引导学生自行发现莫比乌斯带的神奇之处，再利用生动形象的图片形式，一步步引导学生自己动手制作莫比乌斯带，通过实践活动的方式向学生介绍了莫比乌斯带，增强了学生对莫比乌斯带的认识。

数学的整体性强调了数学发展历程中的连贯性和相互联系。它意味着数学的各个分支和领域并非孤立存在，而是构成了一个相互交织、层层递进的知识体系。在这个体系中，每一种数学概念、理论和方法都与其他知识节点相连接，共同构成了一个庞大而复杂的知识网络。

例如，六年级下册中的"数的扩充"部分精心设计了一个历史资料。在这一部分中，教材沿着时间的脉络，对整个小学阶段数与代数领域涉及的核心概念进行了细致的梳理与整合，以培养学生对所学知识的整体观、全局观。

数学的基础性体现在它是众多学科与社会生活中解决各类问题的根本和基石。例如，四年级上册中对进制相关知识的拓展，向学生展示了我们最常用的十进制，还有在计算时间方面常见的六十进制和在电子计算机中被广泛运用的二进制，体现了数学为人们的日常生活带来了方便，以及为电子信息学科奠定了基础。

又例如，在六年级上册的"黄金分割比"（应写作"黄金比"）部分，以古希腊的巴台农神庙（应写作"帕特农神庙"）为实例，展示了黄金分割比在建筑美学中的重要性，之后又拓展出黄金分割比在绘画、生活与科学实验等多个领域的广泛应用和深远影响，凸显了数学在其他很多学科中的基础作用。

（四）我们的思考

在课程改革的推动下，北师大版小学数学教材在每册中都精心编排了数学史料，体现出一定的连续性。教材中选用的数学史料贴近学生的认知水平，且以多种呈现形式激发学生对知识的深入思考。在结合我们团队教师所在学校教学实践进行分析的过程中，我们又进行了深入的反思。

教材虽然包含了丰富的数学史料，看似强调了数学史的重要性，但多数内容仅限于在章节知识点旁附加简短的历史注释，或是在章节末尾增加一些历史故事。这种处理方式可能会导致教师在教学过程中将数学史与数学知识教学割裂开来，使得学生误以为数学史仅仅是新增的考试内容。长此以往，不仅将数学史融入数学教学的进一步目的没能实现，而且可能连数学史可以激发学生兴趣这一作用也体现不出来了。为了更有效地融合数学史料，我们认为教材编写者应当更加注重对数学史料的深入加工，将其与学习内容或学习任务紧密结合，避免让数学史料仅仅以长篇累牍的阅读资料的形式出现。数学史料与学习内容的有机结合，可以充分发挥它们各自的教育功能，共同彰显数学的独特魅力和深远意义。

三、苏教版小学数学教材中的数学史分析

（一）统计数学史内容

我们团队对江苏凤凰教育出版社出版（即苏教版）的教育部于 2012 年审定的小学数学教材中的数学史内容进行了初步统计，结果如下表所示。[1]

苏教版小学数学教材中数学史内容统计

具体教材	页码	数学史内容	呈现形式
一年级上册			
一年级下册	无	无	无
二年级上册			
二年级下册			
三年级上册	22～23 52 104	记数方法 计时工具 分数的表示	你知道吗？ 你知道吗？ 你知道吗？
三年级下册	34 53 89	"铺地锦"——两位数乘两位数 古代测量方法 文物中的几何形状与图案	你知道吗？ 你知道吗？ 你知道吗？

---

[1]　后文中提到的人教版、北师大版、苏教版小学数学教材版本为本章提到的版本。

续表

具体教材	页码	数学史内容	呈现形式
三年级下册	108	小数	你知道吗？
四年级上册	15	除法试商	你知道吗？
	36	算筹	你知道吗？
	81	抛硬币	你知道吗？
	93	二进制计数法[1]	你知道吗？
	105	计算工具的演变	你知道吗？
四年级下册	9	"铺地锦"——三位数乘两位数	你知道吗？
	40	括号的产生	你知道吗？
	59	"双倍法"计算乘法	你知道吗？
	82	哥德巴赫猜想	你知道吗？
	111	韦达	你知道吗？
五年级上册	9	《九章算术》——正、负数	你知道吗？
	16	《九章算术》——面积计算方法	你知道吗？
	119	面积单位"亩""分"	你知道吗？
五年级下册	14	天元术、四元术	你知道吗？
	30～31	求最大公因数、最小公倍数的方法	你知道吗？
	92	"李白喝酒"解决问题	练习题
	102	圆周率	你知道吗？
六年级上册	71	黄金比	你知道吗？
	92	鸡兔同笼	练习题
	93	鸡兔同笼	你知道吗？
	112	恩格尔系数	你知道吗？
六年级下册	36	金字塔、巴比伦人计算体积的方法、《九章算术》中记载的各种物体体积的计算方法	你知道吗？

注：[1]"二进制计数法"应写作"二进制记数法"。

（二）调查分析

1. 整体分析

通过上表的统计我们可以看出，苏教版小学数学教材中的数学史料主要是以"你知道吗？"的形式来呈现的。其中一、二年级没有涉及相关数学史知识，而是从三年级开始渗透数学史知识，四年级的数学史料最多。

"你知道吗？"涉及的数学史料主要是对数学家的介绍、数学知识或概念产生的历史背景与演变、古今数学名题等，并且这些数学史料基本上都位于每单元的结尾，与每单元的知识相结合，大多数以图文并茂的形式向学生介绍相关数学史知识，少数以文字形式呈现。教材选取的数学史料真实、简单，符合学生的认知特点，有利于促进学生对所学知识的掌握及对相关数学史知识的了解。

2. 中外数学史统计

仔细梳理苏教版小学数学教材，我们可以发现教材侧重于对古今中国数学发展历程、数学家、数学命题等方面的呈现。教材通过描述古今中国数学家、劳动人民的成就和数学名题，让学生直接感受到中国对世界数学的发展作出的巨大贡献，以增强学生对中国数学家的崇拜之情，激发他们学习数学的热情，促进他们对中国传统文化的继承与发扬。

3. 数学史呈现方式

苏教版小学数学教材在呈现数学史时，并未采用单一的纯图片形式，而是倾向于使用纯文字或图文结合的方式，以增强信息的传达效果。教材中的数学史大多以附加式呈现，即在介绍数学概念或知识点的同时，辅以图文结合的方式，来讲述相关数学家的生平故事，以及数学符号和概念的起源等背景信息。例如，五年级上册以图文结合的方式介绍了由《九章算术》的记载可知，中国是最早使用负数的国家。

除了附加式，教材还巧妙地融入了复制式和顺应式呈现方式。例如：三年级下册利用复制式，直接通过图文结合的方式向学生展示了明朝《算法统宗》中记载的"铺地锦"乘法计算方法；四年级下册应用顺应式介绍中国古代运用"铺地锦"方法计算三位数乘两位数的数学史内容后，还进一步引导学生亲自运用这一传统方法来解决实际的乘法问题，如计算 812×39。相比三年级下册单纯的方法介绍，四年级下册的内容更加注重学生的实际操作和应用能力的培养。

4. 教材内容设计

经过细致观察，我们注意到苏教版小学数学教材在设计数学史内容时采用了以下两种方法。

一是向学生介绍数学史知识后，还通过一个个问题引导学生更深入地以自主或小组合作的方式探索相关数学史，激发学生学习数学的兴趣。

例如，在四年级上册第 3 单元"你知道吗？"中向学生介绍了在古代如何运用算筹计算三位数加三位数，同时让学生在课下查找用算筹计算减法、乘法和除法的方法，引导学生自主学习和探索，拓展自身的知识面。

又例如，在四年级上册"统计与可能性"的结尾部分引入了抛硬币的实验。教材中展示了一张表，用来引导学生进行细致的观察和深入的思考。

二是教材的一些数学史料中包含练习题。这种设计先介绍古人解决数学问题的方法，然后以习题的形式引导学生运用古人的数学思想与方法去做题，让学生体验古人解决问题的思路。

例如，四年级上册在介绍了中国古人的除法试商经验后，让学生运用试商方法做四道题。

又例如，六年级上册向学生介绍了《孙子算经》中的数学名题"鸡兔同笼"问题，并让学生运用已学的解决问题策略解答此题。

同时，我们发现教材还介绍了中国的大量数学史，不仅能帮助学生了解中国数学的发展历程和辉煌成就，也能让学生了解到中国数学对世界数学的发展产生了重大影响，从而增强文化自信。

（三）数学史在教材中的渗透方式

苏教版小学数学教材在数学史的渗透上采用了多样化的策略，这些策略主要体现在两个方面：一方面，教材着重强调了数学的传承性与融合性；另一方面，教材突出了数学的应用性和实践性。

在教材中，数学的传承性得到了充分强调，这一点在多个实例中得到了体现。以三年级上册的"计时工具"部分为例，教材通过图片为学生介绍了人类所用计时工具的演变过程：从只知晓日夜到逐渐可以确定时间，从沙漏计时到准确的钟表计时。这一史料可让学生了解古人的智慧，并且更加深刻地理解计时工具，激发学生对数学的兴趣。

又例如，四年级上册的"计算工具的演变"部分通过图文结合的方式，为学生介绍了我国从古至今使用的计算工具的演变过程：从算筹到算盘，再到现在普遍使用的计算器，接着到能进行复杂计算的电子计算机。这一部分所采用的生动易懂的图文，使学生切身感受到中国古代劳动人民的智慧和人类科技的飞速发展。

数学的融合性在教材中得到了精心体现，例如，三年级上册"认识分数"结尾部分向学生延伸介绍了分数的起源与演变过程。古人因为分东西时出现了不是整数的结果，所以发明了分数。在古代，我们国家用算筹表示分数，后来结合印度人发明的阿拉伯数字和阿拉伯人发明的分数线，才有了现在的分数表示方法。

又例如，四年级下册的"哥德巴赫猜想"部分用一整页的篇幅介绍了哥德巴赫猜想这一世界经典命题的由来，还着重介绍了我国三位数学家为之作出的突出贡献，其中陈景润的研究成果被公认为当代在哥德巴赫猜想的研究方面最好的成果。

在教材中，数学的应用性被赋予了特别的意义。以三年级下册的"文物中的几何形状与图案"部分为例，学生由教材介绍的部分文物可知，古人使用的器具和上面的花纹都是现在所说的几何形状与图案，由此可以了解藏在文物中的数学知识。

（四）我们的思考

通过梳理苏教版小学数学教材，我们整理出以下三点建议，供教材编写者和各位教师参考。

第一，在低年级段适当添加数学史内容。从儿童认知发展的特点和规律来看，在低年级段适当添加数学史内容符合该学段学生的心理年龄特征。同时，添加丰富有趣的数学史内容，在教学中能够吸引学生的注意力，激发学生对数学学习和探究的兴趣。

第二，合理分配数学史内容的信息载体。小学低年级学生正处于数学知识系统化、框架化学习的起始阶段，他们的思维正从具体形象思维逐步过渡到抽象逻辑思维。在这一关键时期，学生的思维和语言表达能力尚在发展之中，因此，教材中应融入更具体、形象的元素，如生动的图片，以辅助学生对数学概念的理解和掌握。鉴于此，我们建议在这个阶段的数学史教学中，主要采用图片形式，以此激发学生对数学史的兴趣。同时，考虑到低年级学生的认知水平，不建议引入复杂的古代数学解题方法或深奥的数学思想，因为这些内容对他们来说尚难以理解。

随着学生进入中高年级，他们的抽象逻辑思维和符号意识将逐渐发展成熟，此时可以适当提高数学史内容的难度，引入一些基础的数学命题、思想与方法，以促进学生数学思维的进一步发展。然而，即便在小学阶段的后期，学生对图片的敏感度依旧高于对文字的敏感度，因此，数学史的教学仍应以图片为主、文字为辅。教学材料可以采用连环画、小故事等形式，使数学史的教学更加生动有趣。

第三，合理分配数学史在数与代数、图形与几何、统计与概率、综合与实践中的比例。教材编写者不应只重视数与代数、图形与几何方面的数学史知识，还应该重视其他两个方面。这样有助于学生在学习统计与概率、综合与实践时对知识的理解和运用，也有利于教师对教学的设计。

小学数学教学中发挥数学史价值的基本原则

  随着我国社会的持续进步与发展，教育领域也经历着一场以提升质量为核心的深刻变革。在这一进程中，"素质教育"的提出标志着国家对教育发展方向的明确定位。那么，何谓"素质教育"？要回答这个问题，我们需要回溯一下 20 世纪 80 年代开始的教育改革历程。1985 年，《中共中央关于教育体制改革的决定》颁布。该文件指出："教育体制改革的根本目的是提高民族素质，多出人才，出好人才。"在这一文件中，"素质"一词被特别强调，并成为教育改革的核心理念之一。从那时起，我国便开启了旨在完善基础教育体系的深刻改革，致力于培养具有全面素质的人才，以适应社会发展的需求。

  新时代的教育理念突破了"应试教育"的局限，不再将分数作为衡量学生成就的唯一尺度，而是采纳了更为多元的文化标准来评价学生。数学教育亦不例外，《课标》强调了数学文化的价值。

  对此，史宁中教授也曾进一步阐释了数学史在数学文化中的重要地位，他认为数学史是数学文化的一种体现，将数学史融入数学教学，不仅有助于学生全面而宏观地理解数学思想和原理，还能培养学生的审美意识和创新与探索精神，促进学生在情感、态度和价值观上的全面发展。

因此，在数学教学中运用数学文化和数学史的知识时，教师要有较高的社会文化意识，探索数学史料的文化内涵，提高学生的文化品位。具体到教学实施，在数学教学过程中，教师可以从数学史的角度设计教学活动，营造适合的数学课堂氛围，将感性认识与理性思维相结合，引导学生理解数学思想，学会用数学思维思考和解决问题。

根据本人多年教学的心得和体会，我认为，为了将数学史融入小学数学教学，有效发挥数学史的教育价值，教师应遵循的原则可总结为四个方面："过程优先性"原则、"历程一致性"原则、"意义拓展性"原则和"文化提升性"原则。

接下来，我将基于一些具体的教学案例，对这四个方面的原则进行详细的阐述和深入的分析。然而，由于个人能力和视野的限制，我的分析和观点可能存在一些不足之处，甚至可能有些模糊或不准确。对于这些潜在的缺陷，我诚恳地请求广大读者的理解和宽容。同时，我也非常欢迎并期待读者提出宝贵的批评和建议，以帮助我不断改进和提升。

一、"过程优先性"原则
（一）强调教学"过程性"的意义

"过程"和"结论"这对词语具有密切的联系。我们生活中经历的一些活动遵循着一种自然的流程，它们从特定的起因开始，经历一系列连续的过程，最终演变为特定的结论。学习活动自然也不会例外。在学生的学习活动中，最终的结论是学生获得的知识的增长、能力的提升和情感的升华，而过程则是学生获得这些知识、能力和情感的历程。如果说结论是学习了"什么"，那么过程就是如何获得"什么"。我认为结论很重要，因为这是学生学习的最终目标。但过程相对于结论而言却更为重要，因为如果把结论看成静态的"点",那么过程则是由点运动而形成的"线",线中会包含无数个点。具体来说,结论的掌握本身就是一个过程,它以理解为基础,而理解以过程为前提和依据。由此可见,教学过程的中心环节是使学生理解结论提炼的过程,而不是掌握结论本身。

说到过程,我便想到了一个关于大文豪苏轼的故事。

苏轼是北宋著名文学家、书法家、画家。纵观其一生,他仕途多舛,屡遭贬谪,最后被贬到了儋州。然而,面对官场的失意,苏轼乐观豁达,将其所说的"天涯何处无芳草"落实到了生命的点滴当中,并在品味细节的过程中寻找生活的真谛。我们从苏轼的《与子由书》一文中就可以窥其一二。原文如下。

惠州市井寥落,然犹日杀一羊,不敢与仕者争。买时,嘱屠者买其脊骨耳。骨间亦有微肉,熟者热漉出。不乘热出,则抱水不干。渍酒中,点薄盐炙微燋食之。终日抉剔,得铢两于肯綮之间,意甚喜之,如食蟹螯。率数日辄一食,甚觉有补。子由三年食堂庖,所食刍豢,没齿而不得骨,岂复知此味乎?戏书此纸遗之,虽戏语,实可施用也。然此说行,则众狗不悦矣。

这段文字大概的意思是说:惠州这个地方虽然集市很萧条,但每天还是能杀一只羊的。要买羊肉的当地官宦之家太多,我也不敢与他们争抢,就只好跟杀羊的说给我留点羊脊骨。羊脊骨间还有点肉,煮熟趁热剔出来。不趁热剔出来,就含水不易干。将肉在酒里略微浸泡,稍稍加点盐,在火上烤到微焦时就能吃了。剔一天羊脊骨也就能得几两肉,不过我挺喜欢吃的,有点吃螃蟹腿的感觉。我隔几天吃一次,也觉得有滋补的作用。子由你吃了三年的朝廷俸禄,肉多到咬一口都到不了骨头,怎么能体会到这等美味呢?所以我给你写封信,告诉你这个美味的烹食方法,虽说是玩笑话,但确实值得一试。不过这样一来,那些等着吃肉骨头的狗肯定就不开心了。

通过这封家书，我们可以体会到苏轼在面对极端恶劣的环境时还是那样乐观，依然对生活充满热爱。尤其是苏轼对烹食羊脊骨过程的细致描写和"没齿而不得骨，岂复知此味乎？"的强烈对比，更说明对过程感受和品味的价值远高于结论所呈现的内容的价值。就是这种从过程中渗透出的人生态度，使苏轼面对逆境时，总能发现乐趣，并将其当作迎战厄运的精神武器，使他在逆境中不仅没有消沉，反而创作了大量脍炙人口的词作，以泽后人。

过程的价值在数学教学中同样重要。"过程教学是针对结论教学提出来的，过程教学旨在改变教学结构中那种外部的机械的灌输模式，改变学生被动、消极的学习方式，让学生在教师的指导下通过自己的思维参与获取知识的全过程，使学生不仅获取知识，而且学会思考问题的方法，过程教学将教学活动的目标既指向认识活动的结果，又指向认识活动的过程，让学生积极参与认识活动，在理解学习过程的同时，学会和掌握学习方法。过程教学的基本特征是：展示知识发生、发展的背景，让学生在这种'背景'中产生认知冲突，激发求知、探索的内在动机，适度地再现认识过程，渗透与新知识有关的思想方法；注重暴露和研究学生的思维过程。"[1]

在当前的数学教学中，忽略或轻视过程的现象依然存在，尤其是小学高年级。随着年级的增长，数学知识的含量和难度逐渐增加。然而，与此同时，数学课程的授课时间却受到了进一步的压缩或控制。这造成了有的教师在教学中只重视概念的意义，而不舍得花时间讲解概念的形成过程；只强调了解决问题的方法，而淡化了问题的发现过程；只着重于结论的演绎证明，而不注意引导学生掌握内化方法的过程；只要求学生熟记各类结论性公式，而放弃了要求学生对推导过程的梳理；只巩固了正确的解决方

---

[1] 熊光波. 数学教学中过程教学方法之理论与实验研究 [D]. 南昌：江西师范大学，2005：3.

法，而扼杀了一题多解的产生。有的教师也注重思路的分析，但只是一味地沉浸在自身预设的流畅的思维过程中，美其名曰教学生"应当怎样想"，而实际却回避了基于学生原有认知的"可以怎样想"的真实思维过程。这有悖于"在数学的世界中，重要的不是我知道什么，而是怎样让我知道什么"的观点。

例如，在讲授人教版小学数学教材四年级下册"平均数"一课时，可以着力强调"平均数"这一概念自然生成的过程。具体讲授过程如下。

教师出示在一次踢毽子比赛中，第一组同学获得的成绩：25、23、34、47、25、26。

师："请大家认真观察这组数据，看看我们能知道什么。"

生1："这组数据一共有6个，说明这组一共有6个人。"

师："好的，你看出了第一组的人数，从整体的角度发现了数据的数量。其他人还有别的发现吗？"

生2："我发现第一组踢得最多的是第四个人，踢了47个。"

师："你从局部的角度发现了这组数据的最大值。这也是很重要的发现。"

生3："我受他（生2）的启发，发现了这组第二个人水平最差，只踢了23个。"

师："你很会思考。一组数据中有最大值，当然就有最小值。两位同学（生2、生3）从数据的极端情况——'最大'和'最小'两个角度进行了分析。"

在上课伊始，教师应从数据的内在含义出发，引导学生知晓这些数据反映的是第一组同学踢毽子的实际表现。通过直观观察，学生能够迅速识别出踢毽子数量最多的和最少的人，从而实现对同一组数据内部差异的比较。

这种以现实情境为背景的教学方法，不仅使学生对"统计量"这一概念有了初步的认识，而且使他们意识到数学与日常生活的紧密联系。这样的教学设计能够激发学生的探索欲望，点燃他们对数学学习的浓厚兴趣。

接着，教师出示第三组同学踢毽子比赛的成绩：26、31、40、33、30。

师："看到这个小组的数据，大家又能知道什么？"

生4："我可以发现这个小组一共有5个人。其中第一个人踢得最少，只有26个；第三个人踢得最多，有40个。"

师："看来你很善于学习，参考了刚才对第一组数据分析的方法，将第三组数据的情况分析全了。对比这两组数据的情况，你能提出什么数学问题吗？"

生4："第一组一共比第三组多踢几个？"

生5："第三组比第一组多踢几个？"

师："这两个问题用同一个算式就可以解决了。还有别的问题吗？"

学生沉默了……

师："其实，刚才两位同学很善于思考，他们已经给了我们很好的提示，因为他们已经开始同时关注两组数据了。同学们，通过刚才他们提出的问题，你们发现了他们其实是在思考什么吗？"

生6："他们在思考两组数据的差距。"

生7："也就是在思考两组人踢毽子整体水平的差距。"

师："是呀！他们思考的是多么有实际意义的问题呀！现在，请大家认真看一下这两个小组的数据。如果让你来当评委，你认为哪个小组的同学踢毽子的整体水平高呢？"

生1："我觉得第一组的整体水平高。因为第一组最多踢了47个，而第三组最多踢了40个。"

师："我听明白了。你是通过比较两组数据的最大值来判断的。有想法！那么大家觉得他的方法合适吗？"

生3："我觉得不合适。虽然第一组踢得最多的人的成绩超过了第三组的，可是第一组最少踢了23个，第三组最少踢了26个。要是比整体水平，第三组肯定强过第一组。"

师："你说的也有道理，要是比两组数据的最小值，那结果就反转了！所以，我们只比较最大值或最小值合适吗？"

生2："不合适，因为不论是最大值还是最小值都只是一个数据，只能代表自己，不能代表整体。"

师："有道理。我们不能只看个别数据，而需要考虑每组的每个数据。那么应该用什么数据代表整体水平呢？"

生4："我觉得可以将数据排好顺序后一个一个地比。哪组成绩高得多，哪组整体水平就高。"

生5："我补充一下，也就是哪组大多数人踢得多，哪组整体水平就高。"

师："这个办法大家同意了吧？他们已经开始考虑到整体的每一个数据了。"

生6："我觉得这个办法也不好。因为'大多数'这个词太模糊了，而且两组人数也不一样多，不好比较。我自己觉得第一组的整体水平高。因为我刚才认真计算了，第一组一共踢了180个，而第三组一共踢了160个，第一组比第三组多20个。"

师："你是通过比总数来进行判断的。这个办法大家同意吗？"

生7："我觉得不公平。因为第一组有6个人，而第三组只有5个人，两组的人数不同，第三组吃亏了。假设再增加一个组，该组有1000人，每人就只踢1个，虽然这组一共踢了1000个，但是每个组员的水平肯定不如第一组的和第三组的。"

师："这个例子很生动！是呀！这两组的人数不同可怎么比呀？"

生 8："那可不可以第一组去掉一个人或者第三组增加一个人再比较？"

生 9："不行、不行！你这样就改变现在的情况了，不再是现在的第一组和第三组进行比较了。"

师："这可怎么办呀？既要考虑到所有人的情况，又要顾及人数不同的现实，太难了！"

生 10："可以比平均数。"

师（故作疑惑）："平均数？什么意思？"

生 10："意思就是先将两组数据分别求和，再分别除以两组的人数，得到的就是两组的平均数。比较这两个平均数就可以了。"

师："刚才同学们从不同的角度对这两个小组踢毽子的整体水平进行了分析，你们觉得怎样能更准确地反映这两组踢毽子的整体水平呢？请同学们分组讨论一下。"

学生在小组内交换意见，一致认为用平均数作为评判依据最合适。

师："现在我们达成共识了，大家都认为用平均数表示第一组和第三组的踢毽子整体水平最合适。可是到底什么是平均数？它是如何形成的呢？它在使用的时候有什么优势和不足呢？今天这节课我们就来研究平均数。"

…………

通过对比和分析不同的统计量，我们可以清晰地理解"一般水平"的基本概念，并体会到计算平均数的重要性。教师从学生喜爱的课外活动入手创设教学情境，引起了学生的兴趣，贴近了学生的生活，达到了自然生成"平均数"概念的良好效果。

随着社会的发展，知识经济初见端倪，提升核心素养和关键能力的观念深入人心，并且素质教育的理念也得到了进一步的深化和发展。这种素质教育思想强调学生的全面成长和个性发展，知识的积累只是学习的一部分，与之相对应的能力提升、素养落实、实践能力、创新精神成为新时代数学精神的建构内容。因此，教师在教学时，应当注意数学概念、公式、法则等的提出过程，知识的形成、发展过程，解题方法和规律的概括过程，使学生在这些过程中展开思维，从而提升自己的能力。例如，在讲授"乘法的初步认识"这一课时，教师教学的重点应当是引导学生深入理解乘法的本质，即识别并计算相同加数的总和，而非仅仅要求他们掌握"乘法"这一术语或创造"乘号"这一符号。换言之，教师应该利用数学史料来强调乘法概念的符号化过程，即帮助学生理解乘法的实际意义，而不是单纯地要求他们创造符号。

进一步来说，教学的核心在于培养学生的语言描述能力，即他们对概念的理解和表述能力，而不是单纯地记忆概念或定义本身。强调教学的过程性，是因为数学教学本质上是数学思维的教学。只有通过过程性的学习，学生的思维能力才能得到有效激活和提升。因此，在教学中引导学生理解数学知识的发展脉络，并在此过程中掌握数学的研究方法，具有更为深远的教育意义。

（二）强调基于数学史的教学过程

数学教学的理念需要在实践当中加以检验。作为小学数学知识载体的教材，本身可挖掘的内容非常丰富。众所周知，小学数学教材中所包含的数学知识体系，是由资深数学家和一线特级教师等经过深入研究共同确立的。为了保持知识的结构性和系统性，并考虑到学生的认知特点，他们可谓字斟句酌。经过精心组织，教学内容被按定义、定理、证明、推论、例题和练习等不同方面进行了梳理，并照顾到适龄学生的阅读特点，按顺序进行编排，最终形成了指导性材料，即教材。

教材的编写也体现了数学学科的特色，即简洁而明确。至于教材中的问题是如何提出的，问题的历史背景是怎样的；方法是如何想到的，有没有其他的方法；各个数学分支、数学内容之间的联系如何，数学与其他学科之间的联系又如何……由于篇幅限制，这些在教材中并不能完全明确地呈现。与此同时，数学知识形成过程中数学家所经历的漫长而艰辛的探索过程，也被隐藏在了简练的文字之后。

认知能力还处在初级水平的小学生，如果仅仅依赖教材中形式化和结论化的表述，显然很难深入掌握数学知识确切的本质含义。此外，现有的数学教材虽有利于学生接受知识，但很容易使学生产生数学知识就是先有定义，接着总结出性质、定理，然后用来解决问题的错误认知。

基于以上的思考，我们不难发现，要想上好一节课，教师首先应该了解该课要讲的数学知识发展的始末与缘由，将学生在学习过程中的体验前置为首要设计要求，在课堂中引导学生经历数学知识发展的基本过程。这样不仅可以使教学内容互相联系，形成网络，而且可以使它们和数学思想联系起来。

例如，在讲授人教版小学数学教材三年级上册"分数的初步认识"一课时，在教学设计之初，我将教材中关于分数概念的文字描述作为教学次级目标，而将更大的精力花在分数概念的建立过程上，力求结合历史上分数概念发展的过程，让学生通过自主体验对分数概念进行梳理和总结，形成对分数概念的深刻理解。具体讲授过程如下。

环节一，创设情境，引入新知

师："保罗大叔最近在镇上新开了一家比萨店，这家店很快就吸引了一对双胞胎兄弟前来品尝。他们点了一个美味的比萨和两杯香浓的咖啡。为了增添咖啡的风味，保罗大叔还特意为他们准备了4块精致的方糖。现在，问题来了，这两杯咖啡和4块方糖应该如何公平分配呢？"

生1："每人两块方糖和一杯咖啡。"

师："为什么这么分？"

生1："因为这样公平。"

师："为了公平必须使每份分得同样多。每份分得同样多叫什么？"

生2："平均分。"

师："现在只剩下一整个比萨了，怎么分才公平？"

生1："从中间切一刀，一人一半。"

师："老师这里有一个圆形的比萨道具，想要考验一下大家。请尝试探索一下，如何才能将这个圆形比萨做到完美地平均分配呢？"

生2："将比萨对折，使两边完全重合。"

师："为什么要对折？为了保证什么啊？"

生2："为了保证比萨分成的两片完全相同，也就是平均分。"

从学生熟悉且喜欢的故事情境引入教学内容，可以让学生感受平均分的意义和价值。这样的教学方法一方面唤起了学生的学习兴趣，调动了学生主动参与的热情；另一方面实现了从整数概念到分数概念的教学过渡，为学生主动建构分数的概念搭建了桥梁。

环节二，动手操作，探究新知

·初步认识 1/2

师："那刚才提到的这对双胞胎每人分到多少比萨啊？"

生1："半个。"

师："半个比萨能用一个数表示吗？"

生2："二分之一。"

师："我们把一个比萨平均分成两份，每份都是这个比萨的一半，也就是二分之一。写时要先写一条横线，表示平均分。把一个比萨平均分成两份，就在横线的下面写2，表示其中的一份就在横线的上面写1。我们通常把这种书写形式的数字叫作分数。今天，我们一起来学习'分数的初步认识'。"

此环节旨在让学生初步感知 1/2 的含义。学生可以通过公平"分比萨"的操作，体会将一个整体平均分成两份，表示其中的一份的方法，然后初次尝试将操作活动转化成数学语言，通过数学表达的方式逐步建立对分数含义的认识。此外，分数的读写同样依据分数的含义，正确读写有助于学生巩固对分数含义的理解。

·深入认识 1/2

师："我们一起看看黑板上分好的比萨，回忆一下我们是怎样得到它的。另外，除了比萨的 1/2，你还能想到其他图形的 1/2 吗？接下来，我们进行一个活动：挑选出一个你喜欢的图形，表示出它的 1/2，也可以在学习单上画一画你心中的 1/2。"

每位学生都按照活动要求，展示了不同图形的 1/2。

师："请各位同学使用阴影来标示出你们所喜欢的图形的一半，并在适当的位置标注上 1/2 的字样。完成这一步后，请大家观察周围同学所标示的图形。你们是否注意到，尽管阴影部分的形状和大小在每个图形中都不尽相同，但它们都可以用 1/2 来表示。这究竟是为什么呢？"

生1："阴影部分都是我们把一个图形平均分成两份，取其中的一份标示出来的。"

通过这一教学步骤，学生能够更深刻地理解分数的含义。在"折一折、画一画、说一说"的活动中，他们不仅积累了宝贵的数学操作经验，而且从对分数的直观感知过渡到了对分数共性的抽象理解，对分数的认识更加深入。

·认识 1/4

师："我们把一个比萨平均分成两份，每份是它的 1/2。现在我把分好的半个比萨又平均分成两份，请问这一次分好的比萨中的一份是这半个比萨的几分之几呢？"

生1："这一份是这半个比萨的1/2。"

师："这一份比萨又是一整个比萨的几分之一呢？"

生2："1/4。"

师："这1/4表示什么意思呢？请大家准备一张正方形的纸，通过巧妙剪裁，将其划分为大小相等的4份，即每份的面积为正方形面积的1/4，随后在小组内展示自己的作品，向其他组员介绍自己创造出的分数。"

按照要求，每位学生都展示了自己的剪裁方法。

师："同一个正方形用不同的剪裁方法，原来可以设计出这么多不同的1/4啊！老师也设计了这个正方形的1/4，大家帮老师检查一下对不对。"

·认识几分之一

师："现在我们已经完全认识了1/2和1/4，你还想认识几分之一？请同学们两人一组，利用学具（彩笔、直尺、几何图案、学习单）创造出一个你们想认识的分数。完成之后，大家可以互相检查，保证每个组创造的每个分数都是正确的。"

学生展示，并将图形分类。

·再认识一个新分数1/8

师："这个分数怎么读？它表示什么含义呢？请大家认真思考一下，为什么同样的长方形纸片上，这个阴影部分用1/2表示，那个阴影部分用1/4表示，而另外一个阴影部分则用1/8表示呢？"

生1："把一个整体平均分成几份，每一份就是这个整体的几分之一。"

…………

这一部分体现了教学上的"放与收",因为放得开阔,所以收得丰富。教师在教学时为学生提供了充足的素材——从相同的图形到不同的图形,从同样的 1/2 到不同的 1/n,使学生在认识上得到又一次提升。在师生互动、生生互动的交流中,集体智慧得到汇集,跃动的思维碰撞出火花,学生对分数的认识和理解深化了。

·介绍分数各部分的名称

师:"像 1/2、1/4、1/6、1/8 这样的数都是分数。在分数中,横线叫作分数线,表示平均分。分数线下面的数叫分母,你们知道分母表示什么意思吗?分数线上面的数叫分子,它表示什么意思呢?"

环节三,巩固练习,拓展提升

·基础练习

请回答下面各图形中的涂色部分能否用分数表示。

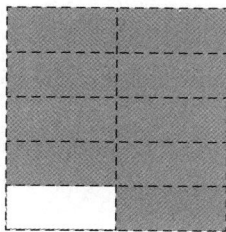

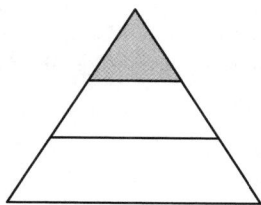

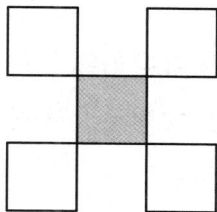

基础练习配图

·数学史介绍

在古代,人们分东西时,经常会出现不能整分的情况;在测量和计算时,往往也不能正好得到整数结果。于是,人们引入并使用了分数。在许多古代文献中都有关于分数的记载,其中包括各种不同的分数表示方法。

巴比伦人用一些符号来表示分数。后来,古埃及的算学著作中也出现了一些用来表示分数的符号。欧洲人继承了古埃及和巴比伦人表示分数的方法后,分数并未得到很快发展,一直到了 15 世纪,才逐渐形成现代分数的表示方法和计算方法。

我们中国对分数的研究怎么样呢？

早在春秋战国时期人们就已经有了分数的概念。春秋战国时期，随着生产规模的扩大，生产技术也有所提高。这一时期，人们思想活跃，在实践中提出了许多新的数学问题，例如，一个物体的一半如何表示呢？

这当然不能用自然数来表示，而要用新数来表示。开始人们只使用简单的分数，如一半、一半的一半等，后来才逐渐出现了三分之一、三分之二等简单的分数。我国古代有许多关于分数的记载，例如：

在《左传》中有对诸侯国都城大小的规定——最大不可超过周文王国都的三分之一，中等的不可超过五分之一，小的不可超过九分之一；

战国时期的颛顼历规定，一年的天数为三百六十五又四分之一天；

《管子》在讲种植土地的分配时，又提出"十分之二""十分之四"等分数；

秦汉时期的数学简牍和《九章算术》在世界数学发展史上建立了完整的分数四则运算法则。

·拓展练习

猜一猜：下图中，长方形挡住了一个图形的一部分，已知露出的这部分是该图形的1/4，那么整个图形是什么样子的？

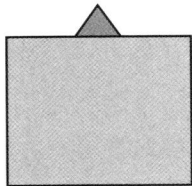

猜一猜问题配图

学生进行思考后，老师揭晓答案（见下图）。

▲
△
△
△

猜一猜答案配图

师："这样的 1/4 我们会在五年级继续学习。"

…………

我们在教学过程中，依据分数概念本身的发展过程，打破学生的思维定式，将素材从图形拓展到实物，将整体"1"从一个图形、一个物体，拓展到一个群体。在猜一猜中，"长方形挡住的部分"的素材就是群体"1"的初步渗透。

通过上述教学过程我们可以看到，这节课的教学主线正是依据分数本身的发展历史而设计的：从实际生活中人们产生对分数的需要，到对简单的单位分数的认识，再逐层拓展到对一般分数的认识。在这一过程中，教师将数学史作为该知识点的教学背景，坚持"过程优先性"原则进行教学设计和思考，引导学生感受分数的本质意义。这样既强调了分数产生的基本条件——"平均分"，又为后续学生对"单位1"的进一步认识奠定了基础，体现了儿童认知螺旋上升式发展的基本过程。

二、"历程一致性"原则

在哲学范畴中有这样一个经典辩题："社会历史的发展是必然还是偶然？"对于这个辩题，想来每个人都有自己的认识。其实这个辩题依据哲学辩证法阐述就可以得到答案，那就是偶然性与必然性是揭示客观事物发生、发展的不同趋势的对立概念。事物发展过程中一定要发生的趋势体现了必然性；而事物发展过程中可能出现，也可能不出现，或可能以多种多样的不同方式出现的趋势体现了偶然性。偶然性和必然性自产生之日起就是对立而统一的。第一，必然性不能离开偶然性，一切必然性终归要以某种偶然性的形式表现出来。第二，偶然性也不能离开必然性，一切偶然性都受必然性的制约，并且总是以某种形式表现着相应的必然性。第三，必然性和偶然性在一定条件下可以相互转化，某些在一定条件下表现为必然的现象，在不同的条件或环境下，可能就会转变为偶然现象，反之亦然。

必然性和偶然性辩证统一的观点在社会历史的发展中也同样适用。社会历史的发展遵循着其固有的客观规律和趋势，而这些客观规律和趋势往往是通过无数历史事件的偶然性来体现的。历史事件的偶然性塑造了社会历史发展的外在形态，但这些偶然性因素对历史进程的影响始终受到社会历史发展内在规律的制约。

在人们尚未充分认识到社会历史发展的客观规律和趋势时，历史事件的偶然性作为一种无意识的客观力量，左右着人们的行为，导致社会历史的发展在宏观上呈现出一种自发的演化过程。然而，随着对自然界与社会历史发展的客观规律和趋势理解的不断深入，人们开始逐渐洞察到偶然事件背后的必然性。

同时，尽管某些事件在特定时刻看似纯属偶然，但实质上它们是顺应历史潮流、符合历史规律的必然结果。这种认识不仅丰富了我们对历史事件偶然性的理解，也加深了我们对历史事件必然性的认识，使我们能够更加全面和深刻地把握社会历史发展的复杂性与多维性。

事件的演进遵循一定的必然趋势，例如由阶级矛盾所引发的统治阶级的更迭和社会性质的变迁。这一趋势构成了社会历史发展的必然性。与此同时，偶然性则体现在这一趋势发展过程中涌现出的关键人物和重大事件上。尽管历史的细枝末节可能充满变数，但总体的大势所趋是不可逆转的必然。

正如"时势造英雄"所言，在特定的历史时刻，总有一批与时代潮流相契合的历史人物应运而生，他们如同被大浪筛选出的金子，留下了自己不朽的名字。因此，社会历史的发展既包含了必然性，也蕴含了偶然性，这两者的界限往往取决于我们观察问题的角度。它们相互依存，相互转化，形成了一种辩证的统一关系。

回到我们所关心的小学数学教学当中，数学学科本身的发展同样是必然性和偶然性的统一。从某一个时间节点或内容节点上来看，某个公式、定理可能因个人的能力或境遇而被发现，这看似偶然，但其背后却有着人们的生活需求和社会科技发展的必然推动。下面我们通过一个故事进一步阐述和说明。

故事讲述的是古希腊数学家阿基米德之死的传说，具体如下。

相传，在阿基米德晚年，叙拉古城与罗马共和国的关系破裂，罗马共和国的舰队随即兵临城下。在这场围城战中，阿基米德承担了城防的重任，他巧妙地设计并制造了一系列精巧的机械装置，用以抵御敌军的进攻。

然而，尽管阿基米德的防御策略一度令叙拉古城固若金汤，但几年后，这座城市最终还是沦陷了。据传，罗马共和国军队入城时，统帅马塞勒斯对阿基米德的才华充满敬意，特别下令不得伤害这位伟大的思想家。而阿基米德似乎并未意识到城池已破，他正沉浸在对数学的深入思考中，无法自拔。

当士兵闯入阿基米德的居所时，他们发现这位年迈的数学家正专注于绘制几何图形。一名士兵粗暴地践踏了他所画的图形，阿基米德愤怒地斥责道："不要破坏我的圆！"但这名士兵并未听从，反而残忍地将短剑刺入了阿基米德的胸膛，就这样一位璀璨的科学巨星陨落了。

马塞勒斯对阿基米德的死深感悲痛。他将杀死阿基米德的士兵当作杀人犯予以处决，并为阿基米德修了一座陵墓，并根据阿基米德的遗愿，在墓碑上刻上了"圆柱容球"这一几何图形。

通过以上故事我们不难发现，数学史的发展看似被愚蠢的士兵阻断了，但历史前进的车轮又怎么会被渺小的个人所阻碍呢？从现在的学科角度去审视让阿基米德忘却生死的"圆柱容球"定理，我们会发现具备初中几何水平的人就可以证明，甚至在人教版小学数学教材六年级下册的拓展部分也出现了它的"身影"。

由此可见，历史的发展不可逆。那么，从学科角度来看这种不可逆的历史是不是可以为教学所应用呢？法国数学家庞加莱在他的著作《科学和方法》中提出了一种见解：数学课程的内容应完全按照数学史上同样内容的发展顺序展现给读者。庞加莱的观点虽有极端的倾向，但也是有一定道理的，值得在教学中参考和实施。在小学数学教学过程中，根据适当的内容，让学生的学习过程与数学发展本身的历程相一致，对于学生整体构建数学概念的网络、把握知识之间的联系是非常有益的。

像这样的观点，还有很多数学家是肯定和支持的。古希腊哲学家亚里士多德认为，儿童在成长过程中必须一个时期、一个时期地重演人类从野蛮到文明的发展阶段。德国博物学家黑克尔（也译为海克尔）在 1866 年提出了"生物发生律"，即"个体发育过程遵循该物种系统发育过程（或规律）"（即发育过程表现出相似性）。随后，人们将生物发生律用于教育中，得出了"个体知识的发生遵循人类知识发生的过程"（被称为"历史发生原理"），对于数学学科，则是"个体对数学知识的理解过程遵循数学知识的发生和发展过程"。这一原理得到了很多数学家与数学教育家的认可和肯定，如克莱因、庞加莱、波利亚、弗罗伊登塔尔等人都是历史发生原理的支持者。他们认为个体对数学的认知发展是与对应的数学知识的历史发展过程相一致的。人类认识真理的过程，往往要经过无数次的"实践—认识—再实践—再认识"，有时要经历无数次的挫折和失败，甚至经过许多人的努力，才能得到比较准确的认识，而每一个个体的认识过程也是这样。

基于历史发生原理，我们在教学中就有必要坚持"历程一致性"原则，即学生的学习过程与数学知识发展的过程相一致；具体而言就是，教学中引导学生经历前人的探索过程，快速而不遗漏地通过每一阶段，即要求每位学生追溯正在学习的内容在历史中演变的主要步骤。在此过程中，教师可有意识地安排一些必要的曲折和弯路，让学生重新经历人类思维发展中的那些关键性节点。

例如，我在指导团队中的一位教师进行人教版小学数学四年级"三位数乘两位数的笔算"的教学设计时，该教师提出自己最大的困惑是，这节课的知识点教学既简单，又复杂。

首先，从内容的角度来看，算法本身是简洁明了的。教学的挑战在于如何设计出既能够激发学生自主探索精神，又能够让学生通过动手操作来深化理解的教学环节。

其次，尽管学生可能在理论上理解了算法，但在实际操作中，他们往往会出现各种计算错误，这表明他们的计算正确率并不稳定。这种情况反映出教学的复杂性：教师要想办法让学生将理论知识转化为准确无误的实践技能，确保他们在解决实际问题时能够游刃有余。

针对教师教学设计中的现实困惑，我首先想到了蔡宏圣老师在《数学史走进小学数学课堂：案例与剖析》一书中对乘法发展历史的概括和梳理，并从中获取了教学设计的灵感和想法。原文描述摘抄如下。

乘法是加法的特殊情况，重复进行同一个数的加法运算就产生了乘法，对这种重复计算的不同处理，就产生了不同的乘法计算方法。早在古埃及纸草书上就记载着一种乘法——倍乘法，也就是先加倍计算，然后组合不同的倍数和，从而完成计

1	32
*2	64
4	128
8	256
乘数 13	积为 416

算。虽然它（倍乘法）不具有现代笔算乘法的形式，但在几千年笔算乘法的历史进程中体现了旺盛的生命力。1546 年，德国数学家施蒂费尔的著作中将 32×13＝416 写成下面的形式，明显带有埃及倍乘法的痕迹。

$$1 \times 32 = 32$$
$$2 \times 32 = 64$$
$$4 \times 32 = 128$$
$$8 \times 32 = 256$$
$$\overline{13 \times 32 = 416}$$

上述的计算过程用现在的算理表达出来，就是分别计算了 32×1、32×4、32×8，然后再把三个积相加，得到 416。可以想象，当计算的数目大了，倍乘计算不仅仅是逐次加倍计算很麻烦，还在于组合不同倍数和的时候，需要极高的技巧。

大凡高度需要技巧的方法，都难以成为数学发展的主流。现代整数乘法计算的方法与古中国有关。中国古代计算 32×13，看作求 32 的 13 倍，由于 13 是由两个不同位值的数字 1 和 3 组成的，所以在计算中可以分别计算 32 的 10 倍和 3 倍，然后把结果相加。虽然，古中国进行乘法计算的原理和现在没有什么区别，但它的记数和进行算术运算的工具都是算筹……算筹表示多位数时，从右到左，纵横相间，个位用纵式，十位用横式，百位用纵式，千位用横式，以此类推。遇零则置空，这样既不混淆也不错位。算筹的乘法计算分为三层，即上位、中位、下位，顺序分别为乘数、积和另一个乘数；计算时把多位数变成一位数去乘多位数，乘一位加一位。还是以 13 ×32 ＝ 416 为例。

—||| 上位　　　　||| 上位　　　　　　　　上位

中位　　　　＝|| 中位　　　||||一丁 中位

＝|| 下位　　　＝|| 下位　　　　＝|| 下位

　　从上面可以看出，算筹乘法的步骤与现在的笔算乘法基本一致，不同的是，算筹乘法从高位乘起，积置于两个乘数之间。也因为是借助算筹进行计算，从高位算起，遇有进位，可以很方便地增添算筹，所以，古人根本不考虑"从哪里算起"的问题。

　　后来，中国古代的算筹乘法在印度出现。9世纪，印度数学开始传入阿拉伯，在此之前的8世纪则传入了中国的造纸术，于是他们开始在纸上进行运算。纸上运算比起中国的筹算来，不能随时改动数字，只能逐次划掉中间步骤所得的结果，因此算式显得很混乱，也容易出错。当欧洲人接受纸上的乘法计算时，就进一步作了演变。1494年，在意大利数学家帕乔利的著作《算术、几何、比及比例概要》中记录的乘法竖式，已经有了现在乘法竖式的雏形，当时叫"叠果法"。仍然以 32×13 为例，计算过程如下。从乘法计算的书写格式看，和现在相比已经相差无几了。[1]

$$
\begin{array}{r}
32 \\
13 \\
\hline
39 \\
26 \\
\hline
416
\end{array}
\qquad
\begin{array}{r}
32 \\
13 \\
\hline
32 \\
96 \\
\hline
416
\end{array}
$$

　　通过对蔡宏圣老师梳理的"乘法笔算的历史演变"的学习，结合小学四年级学生的认知特点和水平，我们应该在教学过程中力求实现学生认知

---

[1] 蔡宏圣.数学史走进小学数学课堂：案例与剖析 [M].北京：教育科学出版社，2016：132–133.（注：引文有修改）

过程与数学知识发展过程的一致性。据此，我对"三位数乘两位数的笔算"的教学进行了全新的设计，具体设计内容如下。

环节一，开门见山，引入新课

师："同学们，你们知道吗，再过不久就要到 10 月 1 日了，你们知道这一天是什么日子吗？"

生 1："国庆节。"

师："回答正确。下面请大家阅读以下材料，并回答问题。"

阅读材料：在一次阅兵仪式上，有 56 个方（梯）队参与，寓意着中国 56 个民族团结和谐、万众一心。其中三军仪仗队（第一方队）156 人，含领队 1 人，均穿仪仗礼宾服。其余各方队人数相同，均编成每排 25 人，共 14 排，领队 2 人，一共 352 人。那么，除三军仪仗队外，其余 55 个方队一共多少人？

师："要回答这个问题我们要怎样列式？"

生 2："352×55。"

师："三位数乘两位数的乘法大家还没学过，所以同学们能不能先估算一下除了三军仪仗队外，其余方队大约是多少人？"

生 1："352×55 的积在 20000 左右。把 352 看成 350，把 55 看成 60 的话，积是 21000，所以我觉得 352×55 的积在 20000 左右。"

生 2："我觉得 352×55 的积要比 15000 大，因为 300 乘 50 的积是 15000，而实际上需要计算的两个因数都比估算的值大，所以 352×55 的积一定比 15000 大。"

生 3："我觉得 352×55 的积一定是个五位数。因为 200 乘 50 的积是 10000，是个五位数，352×55 中的两个因数都分别比 200 和 50 要大，所以 352×55 的积一定是个五位数。"

师："看来大家经过几年的学习，都有了一定的数感。如果想算得比较准确，该怎么办呀？"

生 3："那就精算。"

兴趣无疑是驱动学生学习最实际的内在力量，它对学习成效具有决定性的影响。通过构建问题情境，教师不仅可以点燃学生的学习热情，还能培养他们独立探索和解决问题的能力。在数学教学中，教师要精于挖掘教材的深层潜力，巧妙设计引人入胜的数学情境，以此来唤醒、鼓舞学生，激发学生饱满的学习热情，促使他们以积极的态度和旺盛的精力主动求索，从而获得最佳效果。

换言之，情境教学是数学教学中的一个关键突破口，它有助于实现学生认知活动与情感活动的和谐统一。这种教学方式能够确保学生的情感和兴趣始终保持在最佳状态，进而使他们能够全情投入课堂学习中。以上面的阅兵方队为例，选择这样一个教学情境不仅与时代同步，而且与学生的日常生活紧密相连，能够有效地激发学生的学习兴趣，使他们更加积极地投入学习过程中。

环节二，自主探索，合作交流

·自主探索

师："大家可以尝试一下解决下面的问题 1。"

> 1. 自主探索 352 × 55 的积。
>
> 2. 小组合作交流，倾听组员的想法。
>
> 3. 全班交流，共同探讨。

·交流反馈

生 1："可以把 55 拆成 50 和 5，再用 352 乘 5 等于 1760，352 乘 50 等于 17600，两个数相加就等于 19360。"

生 2："可以把 352 拆成 300 和 52，再用 300 乘 55 等于 16500，52

乘 55 等于 2860，两个数相加就等于 19360。"

师："你们的想法可真有创意！这两种方法的本质实际上相同，都是借助加法来进行计算。其实同学们探索的过程恰好也是乘法演化的过程。早在古埃及纸草书上就记载着一种乘法——倍乘法，也就是先加倍计算，然后组合不同的倍数和，从而完成计算。

"我们想要算出 352×55 的积，要先从 55 的 1 倍开始算起；然后加倍，计算 55 的 2 倍是 110；再计算 2 个 55 的 2 倍，也就是 55 的 4 倍，是 220；之后以此类推。55 的 352 倍可以看成 55 的 256 倍加上 55 的 64 倍，再加上 55 的 32 倍。这些乘积的和相加便是 352×55 的积了。但倍乘法有其弊端，就是当计算的数目大了，不仅逐次加倍计算很麻烦，而且将逐次加倍的结果相加求和的时候同样不容易。

"现在，你们知道古埃及人当时如何使用这个算式了吗？你们有什么感受？"

生 1："古埃及人和我们刚才一样都是把乘法转化成了加法，但没有依次连加，只是找到合适的数凑成了 352 再相加。这样不仅计算麻烦，还需要一定的技巧。我们会乘法口诀，所以拆分一次就能解决这个问题。"

师："看来在座的各位同学不仅能够像古埃及人一样探索知识演变的过程，更能站在巨人的肩膀上，看得更远。"

生 3："老师，我还有一种算法——可以把 352 平均分成 2 份，一份是 176，但我发现我还是不会算，所以我又把 176 平均分成了 2 份，一份就是 88，55 乘 88 等于 4840，再乘 4 也能得到答案 19360。"

师："你觉得你的方法跟前两位同学的方法相比有什么相同点和不同点？"

生 3："我认为这种方法和前面两种一样的是都采用了先拆后和的策略，不同点就在于这种方法没有用到加法，而是通过两次平均分，将三位数乘两位数降到了两位数乘两位数，再乘 4 得到了结果。"

师："你观察得真仔细，乘法是相同数的加法的简便运算。在乘法的漫长演变过程中，古人同样也是发现了加法的复杂之处，所以后来又发明了俄罗斯农夫算法（也叫俄式乘法）。

"在 20 世纪初，欧洲流行着俄罗斯农夫算法。这种方法的核心原理基于一个简单的数学事实：如果一个因数扩大为原来的几倍，另一个因数就缩小为原来的几分之一，那么两数乘积不变。

"以计算 352×55 为例，我们可以这样操作：首先，将 352 缩小为原来的 1/2，同时将 55 扩大一倍，这样我们就将 352×55 转化成了 176×110；接着，我们再次应用相同的方法，将 176 缩小为原来的 1/2，110 扩大一倍，得到 88×220。以此类推，最终，我们将 352×55 转化为 1×19360 就得到了最终答案。

"让我们再来对比一下前面同学们提到的方法和俄罗斯农夫算法的异同点。"

生 1："其实，我们的算法和俄罗斯农夫算法一样。我们通过两次平均分把 352 变成了 88，用 88 乘 55，再乘 4。其实这种算法也可以看成先用 55 乘 4，再乘 88。"

· 自主构建

师："除了我们刚才提到的那些方法，你们能用列竖式计算的方法直接解决这个问题吗？"

生 4："我们组是直接列竖式计算的。"

师："请你上讲台，一边书写一边详细讲述一下你的计算过程。"

生 4："先抄写好两个因数，相同数位对齐。然后，用 352 乘 55 中个位上的 5，等于 1760，再用 352 乘 55 中十位上的 5，还等于 1760，结果需要错位写。最后两层积相加，得到 352×55 的积就是 19360。"

师："三位数乘两位数的笔算老师还没教呢，你怎么就会了？"

生4："之前我们学过了两位数乘两位数，三位数乘两位数的笔算其实跟两位数乘两位数的原理相同。"

师："那么，让我们来回顾一下两位数乘两位数的笔算。你们觉得两位数乘两位数的笔算与三位数乘两位数的笔算有什么关联呢？"

生2："三位数乘两位数的笔算比两位数乘两位数的笔算多了一位数，其他的一样。"

师："哪里一样？"

生2："它们都是先用第一个因数乘第二个因数个位上的数，结果写在第一层；再用第一个因数乘第二个因数十位上的数，结果写在第二层，错位写；然后把两层的积相加就行了。"

师："为什么要错位写？"

生2："因为虽然两次乘的都是5，但是5在不同数位上就表示了不同的大小。5在个位表示的是5个一，所以352乘5个一，得到的是1760个一。而5在十位上表示的是5个十，所以352乘5个十，得到的就是1760个十，因此要错位对齐。"

师："你为什么觉得这样写就是正确的呢？想想刚才黑板上的笔算过程，好像之前有位同学利用先分后合的策略也是相同的过程。"

生2："对！就像前面那位同学说的那样，352不动，将55分成5和50，分别相乘，再相加。"

师："看来你不仅知道怎么做，还知道为什么这样做。那对比这几种不同的方法，大家觉得哪种方法更好？你们更喜欢哪种方法？为什么？"

生3："我更喜欢列竖式计算的方法。因为我觉得这种方法计算起来更加简便。"

师："既然这样，那同学们觉得列竖式计算的时候有什么需要注意的吗？"

生 4："遇到进位时，不要忘了要进位。计算第二层的时候要注意错位写结果，因为相同的数放在不同的数位上表示的含义不同。"

师："大家还记得第二层的积是怎么来的吗？"

生 1："352 乘 5 得来的。"

生 2："是 352 乘 50 得来的。在竖式中，虽然 50 看着是'5'，但是它在十位上，其实应该是 50。所以，计算得到的 1760 需要错位写。因为得到的积是 1760 个十。"

师："说得实在是太清楚了！请大家结合阅兵方队说说 50 表示的是什么含义？ 50 乘 352 的积又表示什么呢？"

生 4："50 表示 50 个方队，50 乘 352 就表示 50 个方队一共多少人。"

师："其实，在我国古代就已经有这种以十进制来进行计算的方法，大家知道吗？"

生 5："算筹。"

师："算筹是我国古代主要用来记数和计算的一种工具。你们想不想知道算筹是如何来计算 352×55 的呢？接下来，让我们一起看看古人是如何利用算筹来进行乘法计算的。

"算筹的乘法计算分为三层，即上位、中位、下位，依次分别放一个因数、积和另一个因数。计算时把其中一个多位数变成一位数去乘另一个多位数，利用'九九乘法口诀'乘一位加一位。

"先用 55 十位上的 5 乘 352，得到的积是 17600，写在中位。注意，相同的数位于不同数位上其计数单位不同。由于是用十位上的 5 乘 352，自然得到的是 1760 个十，也就是 17600。两个 0 置空，其余各个数字依次摆放在每一位上，上下相同数位对齐。然后将 55 个位上的 5 乘 352，得到的积与刚才的 17600 相加，并将最终的答案写在中位上。

"和我们刚才的列竖式计算对比一下，你们有什么想法吗？"

生 5："其实算筹计算跟我们列竖式计算的过程与方法一样，只是数字的表达方式不同，但都注重相同数位要对齐。"

·总结算法

师："现在让我们来总结一下怎样笔算三位数乘两位数。"

生 1："先用两位数的个位上的数分别与三位数的每一位数相乘，再用两位数十位上的数分别与三位数的每一位数相乘，后面乘得的结果的最后一位要与前面结果的十位对齐，然后两层的积相加就得到三位数乘两位数的结果了。"

师："在此之前我们学习过了多位数乘一位数、两位数乘两位数，今天我们又学习了三位数乘两位数。那你们猜猜，我们五年级、六年级还会学什么？"

生 2："四位数乘两位数、三位数乘三位数……"

师："大家都猜错了，我们不会再学习这些内容了。为什么呢？"

生 3："因为不管几位数乘几位数，方法都是一样的。"

此前，学生已经具备了计算三位数乘一位数和两位数乘两位数的笔算技能。在此基础上，他们通过独立思考和自主探索，逐步将旧知迁移推理到新知上，不仅推出了三位数乘两位数的笔算方法并理解了其原理，而且对多位数乘多位数的计算方法也有了一定的感悟。

环节三，拓展提升，课外延伸

师："其实不同时期不同国家都有其笔算多位数乘法的方法，请阅读以下材料。"

> 1. 请在以下 3 种笔算多位数乘法的方法中任选一种方法进行研究。
>
> 2. 将研究结果以小报、数学日记、视频等形式呈现。
>
> 3. 为期一个月。

·15 世纪意大利——"格子乘法"

15 世纪，在意大利的一本算术书中介绍了一种"格子乘法"。这种方法后来传到我国，由于其计算格式形如我国古代织出的铺在地上的锦缎，所以，我国的劳动人民给这种方法起了一个很形象的名字——"铺地锦"。你能看懂它是怎么算的吗？

46×75=3450

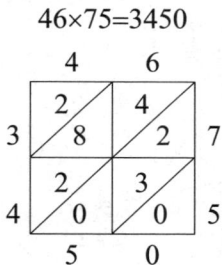

你能仿照这个例子算出 357×46 的积吗？

357×46=

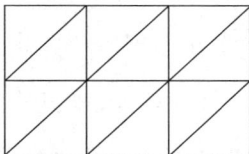

·19世纪前后欧洲人计算多位数乘法的方法

你能看懂19世纪前后欧洲人是如何计算多位数乘法748×632的吗？对比如今的竖式计算，思考一下它们的相同点和不同点。

$$748×632=472736$$

·现代欧美国家的画线乘法计算法

我们通常依赖于熟悉的"九九乘法口诀"来辅助进行乘法运算，但欧美国家没有"九九乘法口诀"，欧美人又是如何计算三位数乘两位数145×12的呢？你可以自己来试试。

$$145×12=$$

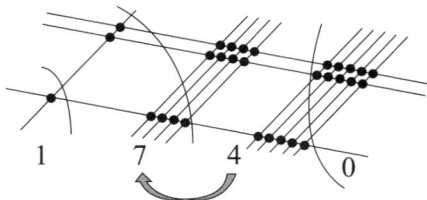

在此环节中，教学设计意在进一步通过数学史料丰富学生的相关认知，并引导学生将不同的乘法计算方法相对比，求同存异，把握核心。这样的教学设计在提升学生数学学习兴趣、巩固其对已有知识的掌握的同时，还能让学生以史为鉴，着眼未来，为学生今后走得更远而蓄力。

三、"意义拓展性"原则

在当今世界，数学与国民经济中的很多领域休戚相关，具有非常广阔的拓展价值。互联网、计算机核心算法、图像处理、语音识别、云计算、人工智能等信息技术产业主要研发领域都是以数学为基础的。由此可见，信息技术产业可能是雇用数学家最多的产业之一。与此同时，该产业中还用到了许多数学工具，有的还有相当大的应用难度与非常高的复杂性，包括编码、小波分析、图像处理、优化技术、随机分析、统计方法、数值方法、组合数学等。有关的研究表明，中国计算机软件行业相对落后。究其原因，并不是缺少一般的程序开发人员，而是缺乏有较高数学修养的高水平的程序开发人员。与此相对照，朗讯、IBM、微软、谷歌、雅虎这类信息技术产业领袖，不但大量地招聘数学专业的博士、硕士到公司工作，而且专门设有相当规模的数学研究部门，支持数学家开展纯粹数学理论研究，以确保自身长期的核心竞争力。

作为具备较高应用价值和前景广阔的数学学科，自身的发展历程也表现出了区别于其他学科的特性。数学作为一门基础性学科，既有其历史性，又有其现实性。其现实性首先表现在数学概念与方法的延续性上。今天的数学研究在某种程度上是对以往知识的深化与发展，或者是对历史上的数学难题的深入探究。因此，我们无法割裂数学现实与数学史之间的联系。数学具有悠久的历史，与自然科学相比，数学体现出积累性，其概念和方法更具有延续性，比如：古代文明中形成的十进制记数法和四则运算法则，至今仍在使用；费马猜想（1995 年被证明，称"费马大定理"）、哥德巴赫猜想等历史上的数学难题，长期以来一直是现代数论领域中的研究热点。国内外许多著名的数学家都具有深厚的数学史修养，善于从历史素材中汲取养分，做到古为今用、推陈出新。

在小学数学教学中融入数学史，目的不是让小学生掌握数学史，而是借助数学史实现课程目标，即课程目标是数学史融入的方向。数学史的角色是辅助和支持，无论直接使用还是间接使用，都要服务于课程目标，切不可喧宾夺主、本末倒置。教学史融入的实践与研究要紧密联系数学课程目标和学生的认知特点。抽象、学究式地融入不仅没有现实意义，也容易让学生迷失方向。因此，小学数学教学中融入数学史就有必要坚持"意义拓展性"原则，即需要教师对相关的数学史料进行有效选择、组合、改造及创造性加工，使学生容易接受、乐于接受，并能从中得到有益的启发，从而实现数学课程的教学目标。

例如，在实际教学过程中，我依据数学学科发展的应用性特点和其自身的逻辑性价值，以数学史中的传统数学益智游戏"汉诺塔"为载体，开发了一节具有学科特色的校本课程——"'世界末日'中的数学问题"，力求通过数学的研究活动，将学科的价值和魅力加以展示，使学生潜移默化地受到数学文化的熏陶，切实落实"学会学习"和"科学精神"的核心素养要求。具体讲授过程如下。

环节一，情境导入，引发思考

师："同学们，你们知道 2012 年 12 月 21 日是什么日子吗？有人说那一天会这样。（播放视频：科幻电影《2012》片段）

"这就是传说中玛雅人预测的'世界末日'，他们预测，"2012 年 12 月 21 日的黑夜降临之后，黎明将不会到来。刚才大家看到的就是依据这个末日预言而拍摄的电影《2012》中的片段。

"古往今来，世界上像这样的末日预言有很多。

"据说，古代的西方人在泥碑上记述了一段世界末日的预言，碑文上写道：'我们的地球将在未来逐渐退化衰落，世界末日将加速到来。'

"20 世纪，有位气象学家断言，太阳耀斑的电磁辐射能量和粒子动能会向地球方向喷发，把大气烧成灰烬。

"科学界颇具影响力的牛顿也曾预测过世界末日的到来。

"了解了这么多关于世界末日的预言，你们怎么都不害怕呢？"

生1："因为这些预言中提到的世界末日的时间都过去了，世界末日也没有到来，所以这些预言都是错误的。"

师："确实是这样，这些预言被时间证明都是错误的，大家大可不必担心。但有一个预言，数学家却说一定是真的，下面让我来给大家讲一讲。

"据说，在印度北部有一座神庙，神庙桌上的黄铜板上放着三根宝石针，每根长约0.5米。传说印度教的主神梵天在创造世界时，在其中的一根针上，自下而上由大到小放了64片金片，这就是所谓的'汉诺塔'。不论白天还是黑夜，总有一个僧侣在按照这样的规则移动这些金片：一次只移动一片，不管在哪根针上，小片必须在大片上面。僧侣们预言，当所有的金片都移到另外一根针上时，世界就将在一声霹雳中毁灭，而汉诺塔、庙宇和众生也将同归于尽。

"同学们，这个预言挺有意思的吧？对于这个被证明一定为'真'的预言，你们有什么感兴趣的问题吗？"

生1："挪动多少次末日就会降临？"

生2："数学家怎么证明这个预言一定是真的呢？"

师："同学们的问题都很实际，也很有研究的意义，今天我们就从数学的角度来研究这个'世界末日'问题。"

导学的艺术在于唤醒。上课前，以"末日"话题作为研究的背景，一方面为了激发学生的研究兴趣，另一方面为了培养学生的科学精神，即用数据说明和思考问题的意识。

环节二，自主探索，探究规律

·初步感知，明确困难

师："古人云：'工欲善其事，必先利其器。'首先来看一下我们针对汉诺塔问题设计的学具：我们以塑料圆环代替金片，且数目不是64个，而是8个。下面重新来看一下活动的内容和规则。"

初始状态是所有圆环在原位置（见下图）。

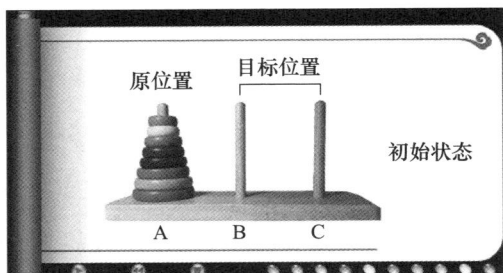

汉诺塔问题初始状态

完成状态是所有圆环移到两个目标位置中的一个即可（见下图）。

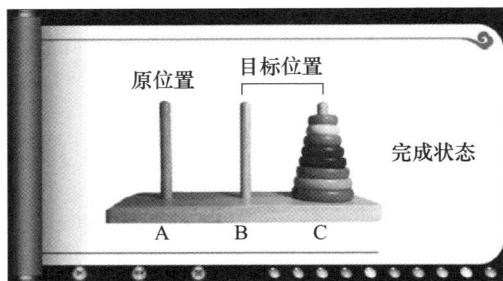

汉诺塔问题解决后的完成状态

师："谁能用自己的话说一说，这个活动的规则是什么？"

生1："把圆环从上面开始按大小顺序重新摆放在其他两根柱子的其中一根上，并且规定小圆环上不能放大圆环，在三根柱子之间每次只能移动一个圆环。"

师："规则大家都听清楚了吗？下面请大家小组合作动手试试。"

学生开始动手操作，但从现场情况来看，学生盲目无序，不能解决问题。

·梳理方法，有序思考

师："大家将汉诺塔问题解决了吗？"

生1："没有。"

师："你们遇到了什么困难？"

生1："我做了一会儿就不知道是第几步了，还得从头再来。"

生2："圆环有8个，太多了，不好操作。"

生3："不知道方法，不知道应该怎样进行。"

…………

师："我们反思一下遇到的困难，大家觉得我们接下来应该怎么做？"

生1："可以从少一点的圆环数量开始进行尝试。"

生2："应该逐渐增多圆环，有序思考，再寻找规律。"

师："你们的方法太好了！就像大家说的这样，我们可以先从圆环数量较少的情况开始尝试，保证尝试结果正确后，再去寻找规律，进而研究汉诺塔中64片金片的问题。这就是荀子所说的'不积跬步，无以至千里；不积小流，无以成江海'的哲学含义。"

学生再次开始动手操作，从现场情况来看，学生的操作循序渐进，渐入佳境。

师："同学们又遇到什么困难了吗？"

生3："我只研究了1个、2个和3个圆环的情况。"

生4："我尝试移动到第5个的时候就乱了，不知道结果对不对。"

师："看来我们需要集体交流一下，只有数据正确，形成了统一的认识，我们才可能找到最终的规律去解决问题。那下面请几位同学上台来演示一下自己进行过哪些尝试吧。"

学生利用学具演示操作过程,教师在黑板上记录操作数据(见下表)。对于学生操作困难的情况或有争议的结论,教师用课件辅助,直观演示,使学生形成了统一认识。

圆环个数与移动次数统计表

圆环个数	移动次数
1	1
2	3
3	7
4	15

数学是面向"思"的学科。著名数学教育家斯托利亚尔指出,数学教学说到底是数学思维活动的教学。因此,发展并提升学生的数学思考力,是数学教学的必然追求。

在此环节的教学过程中,教师引导学生进行亲自操作。在操作过程中,学生可以通过对困难和失败的理性分析,感悟思考问题的本质,养成分析和思考的习惯。

·合作探讨,发现规律

师:"观察圆环移动次数的统计表,你们有什么发现?"

生1:"1、3、7、15……根据相邻两数的差推理,我发现相邻两个数依次差2、4、8……都是双数。"

生2:"根据前一个数与后一个数的关系,我发现后一个数=前一个数×2+1。"

师:"同学们对于这些发现有什么想法或问题吗?"

生3:"这个规律准确吗?我只看了黑板上的这几个数,不能判断后面的数一定符合这个规律。"

师："那大家认为怎么才能说明规律一定是正确的呢？"

生4："应该需要知道为什么'后一个数 = 前一个数 ×2＋1'，这背后的道理是什么。"

师："说得太有意义了！知其然，还要知其所以然。我们只有知道了背后的道理才是真的理解了。那下面，请大家在小组内交流一下，看看能不能发现其中的道理。"

学生讨论后，教师进行总结。

师："我们刚才所应用的方法在数学中称为'递推'。我们这种从较小的数据入手研究问题的方法没有问题，不过好像过程有点复杂。看来我们有必要进行适当的反思，开辟新的途径，采用新的办法帮助我们分析问题。科学研究工作就是在这种不断的失败和反思中逐渐走向成功的。"

环节三，深入探索，总结规律

师："同学们，科学的方法大家掌握了，现在你们认为我们的问题研究完了吗？"

生1："还没有研究完，64 片金片需要移动的次数还不知道。"

师："方法我们不是已经掌握了吗？为什么还有困难？"

生2："要想知道 64 片金片移动的次数，需要知道 63 片金片移动的次数，太麻烦了。"

师："是呀，看来我们虽然找到了方法，但它还不能帮我们高效地解决最终问题。没关系，让我们用递推的方法再多算出几组数据，这个对我们来说还是比较简单的。然后让我们一起观察数据，看看还能发现什么特点。"

学生整理得出 1～6 片金片分别移动的次数为 1、3、7、15、31、63（见下表）。

金片片数与移动次数统计表

金片片数	移动次数
1	1
2	3
3	7
4	15
5	31
6	63

师："大家有什么发现吗？"

生1："结果（金片移动次数）都是单数。"

生2："结果加1后都会变成双数。"

生3："结果加1后不但会变成双数，而且是2的 n 次方数。"

生4："结果都是2的 n 次方数减1。"

师："那这样看，按规则挪动64片金片需要的次数大家知道了吗？"

生2："挪动64片金片需（$2^{64}-1$）次。"

师："假设一次移动一片金片需要1秒，那么64片金片一共需要移动（$2^{64}-1$）秒。你们知道这个时间有多长吗？我计算了一下，是18446744073709551615秒，将它转化为年，是约5850亿年。

"把这个汉诺塔的预言和现代科学推测的结果对比一下是非常有意思的。按照现代的宇宙演化理论，太阳及其行星（包括地球）是在几十亿年前由星际物质形成的。我们还知道，太阳在主要燃料氢和氦耗尽前大约还能存在50亿年。可见，远等不到挪完全部的金片，'世界末日'就降临了。这个预言就是数学上著名的汉诺塔问题。"

数学教学不仅要引导学生进行串式、链式思考，更要引导学生进行整体性、系统性、结构性的思考。结构性思考是指学生不仅能将数学知识串起来、连起来，还能将数学知识联起来、合起来。结构性思考能让学生领悟数学知识的内在之魂，获得一种整体性的学习迁移力和感悟力。因此，在此环节的教学过程中，教师应进一步引导学生关注数据的变化过程，形成链式思考的习惯，感受数学方法背后的理性价值。

环节四，回顾过程，凝练方法

师："回顾今天的学习，我们是怎样得出现在的结论的？"

生1："通过较小数据递推得出结论的。"

师："马上就下课了，我们今天这节课上得一点也不'顺'，大家研究起来困难重重，起伏跌宕，总有疑问。老师心里有点忐忑。这节课大家觉得上得好吗？"

生1："这节课上得挺好的，我们掌握了研究问题的方法。"

生2："正是因为心中有疑问，我们才一步步解决了问题。"

师："大家说得很有道理！科学研究的道路不会是一片坦途，我们总会遇到这样或那样的难题。但我们不怕困难，就像明代教育家陈献章所说：'前辈谓学贵有疑，小疑则小进，大疑则大进。疑者，觉悟之机也。一番觉悟，一番长进。'希望同学们在今后的学习中能够勤于思考，疑问不断，长进不止！"

⋯⋯⋯⋯⋯

上述教学设计的思路来源于两种想法的交织。其一是数学史中的经典游戏数学化构想，即将有趣的游戏转化为具备教育价值的数学史料。其二则是拓展性需求的构想，即真正的数学教学应该教给学生什么。我们应该知道，教学的最终目的一定不仅仅是知识的积累和增长。试想，一段时间之后学生还记得"2的n次方减1"这个结论吗？什么是不会被忘掉的呢？站在高位思考，掌握数学知识应该是低层次的目标，比之更重要的应该是对知识习得过程中所凝练的方法的掌握，而比掌握方法更为深远的目标应该是对方法提炼之后的数学思想的掌握。这也是体现数学史在教学过程中的应用价值的主要原则。

四、"文化提升性"原则

中小学数学课程改革中极为强调数学的文化价值，即数学是人类文化的重要组成部分，数学教育是数学文化的教育。所以，树立数学是一种文化的数学观、在数学教学中渗透数学文化，成为当前中小学数学教育研究的新视点。

数学不仅是一种方法、一门艺术或一种语言，数学更是一套有着丰富内容的知识体系，其内容已经广泛地影响着人类的生活和思想，是形成现代文化的主要力量。许多历史学家通过数学这面镜子，了解古代其他主要文化的特征与价值取向。古希腊数学家注重严密的推理和由此得出的结论，因此他们不太关注研究成果的实用性，而是引导人们去进行抽象的推理，激发人们对理想和美的追求。通过对古希腊数学史的分析，你或许能够解释为什么古希腊人创作出了很难为后世所超越的优美文学作品，创立了极端理性化的哲学，以及建造了理想化的建筑与雕塑。而通过对罗马数学史的分析，我们了解到罗马文化是外来文化，因此，罗马人缺乏独创精神，而更注重实用。通过对中国数学史的了解和分析，我们可知中国古代数学家长于计算与构造，诸如"孙子剩余定理""百鸡问题""盈不足术"等内容具有中华民族传统文化特色。

数学是几千年来全世界人民孜孜探索、共同努力获得的宝贵财富，是各国数学家相互交流、共同探索的智慧结晶。不同国度与民族的思维特点、价值观念、文化背景使数学的研究与发展呈现出不同的地域和历史阶段特征。因此，在数学教学过程中，教学内容的选材应打破封闭格局，选取不同时期、不同背景的史料，将中外数学史纳入学生视野，让学生能够从不同的角度感受不同的文化思想，引导学生尊重、理解、分享、欣赏多元文化下的数学。

此外，张奠宙指出："数学的进步是人类社会文明的火车头。在人类文明的几个高峰中，数学的进步是突出的标志。古希腊文明，《几何原本》是其标志性贡献。文艺复兴以后的科学黄金时代，以牛顿建立微积分方法和力学体系为最重要的代表。19—20世纪之交的现代文明，是以数学方法推动相对论的建立而显现的。至于今天正在经历的信息时代的文明，冯·诺依曼创立的计算机方案，是信息技术的基础和发展的源泉。"[1]这些历史事实都表明数学文化和人类文明密切相关。作为教师，我们要引导学生对此有所感悟，就需要在数学教学中揭示数学史上知识产生和发展的社会背景，从社会文化的高度加以总结和提升，即坚持"文化提升性"原则。

例如，在讲授人教版小学数学教材六年级下册中"有趣的平衡"一课时，教师应力求将数学发展历程中的建模过程和科学学科的规律、总结相联系，让学生在感受学科多元文化的同时，进一步将数学文化与人文文化、社会文化相统一。教师还应在遵循数学建模发展历史一致性的同时，努力增强学生的数学文化体会，提升学生的文化素养。

[1] 张奠宙.关于数学史和数学文化 [J].高等数学研究，2008，11（1）：18－19.

数学史的教育价值和融入方式

一、数学史的教育价值

美国哥伦比亚大学教育学院历史系的戴安娜·诺维茨教授曾说："没有历史头脑的民族是健忘的民族，一觉醒来，他们就不知道自己是谁了。"前文也提到"以古为鉴，可知兴替"。由此可见，学习历史对于个人乃至家国、民族的存亡和发展是多么重要的事情。

数学是人类最古老的学科之一。数学的历史对于数学学科和数学教育的发展同样意义非凡。据史料记载，从人类对数的认识和运用的角度来看，一般而言数学的历史从公元前3000年左右的古埃及象形数字就已经开始了，迄今已有大约5000年的时间。数学是一门历史性或者说是累积性很强的学科，它的内涵随着时代的变化而变化，又随着社会的发展而发展。

关于数学史教育价值的研究，很多学者都从不同的角度进行了论述，其中包含数学史的作用、功能及价值等不同方面，但总体来看研究得普遍比较零散，系统性不够强。因此，意欲探索数学史的教育价值，不妨让我们先解读一下其上位概念，即什么是"价值"。关于价值的内涵，我国哲学界有"关系说""实体说""属性说""功能说""主体需要说""意义说""观念说"等多种说法。一般认为价值是主体和客体之间的一种特殊关系，是客体对于主体所具有的意义或客体属性满足主体需要的关系。关于教育价值的分类，教育学术界存在产品价值与过程价值、理想价值与现实价值、直接价值与间接价值等不同见解。教育家杜威从目的和手段的关系角度将教育价值分为教育的内在价值和外在价值。某一教育内容或者要素成为教育的直接目的时，具有内在价值属性；成为实现别的目的的手段、方法或途径时，具有外在价值属性。这一章参照有关教育价值的研究，将数学史的教育价值分为数学史的内在教育价值和外在教育价值进行分析与阐述。

数学史的内在教育价值指数学史在促进数学学科的发展上所起的作用与意义，例如，学者沈南山和黄翔指出，数学史具有明理、哲思、求真三重教育价值。两位学者在观点阐述中是这样解释的。"（1）明理：数学知识从何而来？数学史展示数学知识的起源、形成与发展过程，诠释数学知识的源与流。（2）哲思：数学是一门什么样的科学？数学史明晰数学科学的思想脉络和发展趋势，让学生领悟数学科学的本质，引发学生对数学观问题自觉地进行哲学沉思，有利于学生追求真理和尊崇科学品德的形成。（3）求真：数学科学有什么用？数学史引证数学科学伟大的理性力量，让学生感悟概念思维创生的数学模式对于解析客观物质世界的真理性，提高学生对数学的科学价值、应用价值、文化价值的认识。"[1]

宋心茹教授则指出，数学史教育有助于突出数学的思想和方法，有助于揭示数学规律，有助于提高学生的学习兴趣，有助于澄清数学事实等。[2]

---

[1] 沈南山，黄翔. 明理、哲思、求真：数学史教育价值三重性 [J]. 西南大学学报（社会科学版），2010，36（3）：141-145.

[2] 宋心茹. 论数学史在数学教育中的教育价值 [J]. 新课程学习，2014：112.

　　姚志敏等学者则从激发学生数学学习兴趣，活跃课堂气氛；促进概念、公式、定理的学习；帮助学生掌握数学思想等方面论述了数学史的教育价值。[1]

　　数学史的外在教育价值是数学史对外部事物所具有的作用和意义，相对于内在教育价值而言，它是一种外显的价值。数学史的外在教育价值在于使受教育者乐于学习、学会学习、学会生存，从而更好地服务于社会、促进社会的发展。例如：数学史的文化教育价值展现出了数学家的价值观，彰显着他们的奉献精神；数学史的道德教育价值凸显了数学家的榜样力量和责任感；数学史的审美教育价值使学生在品味数学美的同时，美化心灵，提升审美素养。教育家张奠宙先生从文化的角度指出："在数学教学中运用数学史知识时，不能简单地、就事论事地介绍史实，而应该着重揭示含于历史进程中的数学文化价值，营造数学的文化意境，提高数学的文化品位。"[2]

　　基于对数学史内在和外在教育价值的理解及相关学者的研究，这里将数学史的教育价值整理成下图所示的内容。

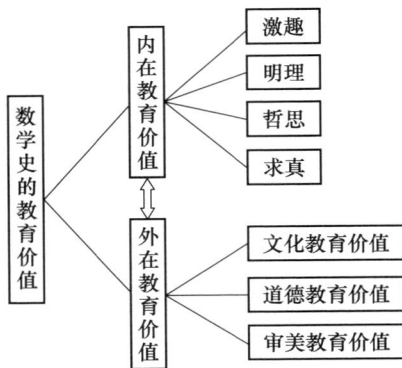

数学史的教育价值

[1]　姚志敏，张新，孟广武.试论数学史的教育价值[J].聊城大学学报（自然科学版），2014，27（3）：33–35.

[2]　张奠宙.关于数学史和数学文化[J].高等数学研究，2008，11（1）：18–22.

提到内在教育价值和外在教育价值，让人不由得想到武侠剧中的绝世武功。在武侠剧中，武功一般分为内功和外功。内功主要用于提高武学修为，包括一些心法和气功等，比如通常说的"打通任督二脉"，在武学上应该算是非常高的内功。外功是一些武术招式，比如"降龙十八掌""打狗棒法"等。内功注重量变到质变的过程，强调身体质的改变，它的习得依赖的是日积月累的沉淀。外功更多的是招式，可通过短时间内的练习得到较大的提高。可以说，内力藏于深沉，招式在于形式。内功和外功的重要性，就像武侠剧《武林外传》里的钱掌柜发出的疑问：为什么同样的招数，有的人使出来平平无奇，有的人使出来却惊天动地？答案就是内功不同。武林高手比较切磋时，往往资历越深厚的人，内功越强，武功也越高。诚然，最后的高手，一定是内外兼修、没有短板的。

唯物辩证法认为：事物的内部矛盾（即内因）是事物自身运动的源泉和动力，是事物发展、变化的根本原因；外部矛盾（即外因）是事物发展、变化的第二位的原因；内因是变化的根据，外因是变化的条件，外因通过内因起作用。

那数学史的内在教育价值和外在教育价值具体是什么？二者的关系和区别是不是跟武功绝学中的内功、外功，或唯物辩证法中的内因、外因的关系和区别一样呢？下面，我将结合教学案例进行阐述和分析。

（一）数学史的内在教育价值

数学史的内在教育价值也就是指数学史在促进数学学科生存和发展过程中所起的作用与具有的意义。数学史研究指的是对数学的起源、发展过程和基本规律的研究。数学史包括特定时代背景下的数学观、重要数学家的成就，以及重要数学概念的形成和发展，是重要数学方法的起源。数学史的内在教育价值依据主流观点大致可以分为激趣、明理、哲思和求真四个方面。

1. 激趣

布卢姆曾说过："学习的最大动力，是对学习材料的兴趣。"对数学产生兴趣时，学生会积极地加入数学的探究活动中，全身心投入进去。在课堂上，教师适当地介绍一些相关的数学发展历程、数学知识的来源、趣闻逸事，能使学生开阔视野，发散思维，从"乐学"到"学会"再到"会学"。诚然，对于教师而言，丰富的数学史料也可以激发教师对所教内容主题的热情和研究兴趣。

在数学发展史上有很多可以引发学生兴趣的数学名题，如"七桥问题""韩信点兵""鸡兔同笼""牛顿问题"（也叫"牛吃草问题"）等。在教学中适当地让学生欣赏、解析一些数学名题，可以开阔学生的视野，激发学生探究的热情。比如，在教学苏教版小学数学教材五年级上册"解决问题的策略：一一列举"一课时就可以介绍数学名题"哥德巴赫猜想"，帮助学生感知一一列举策略的作用，引导学生通过有限的数据以举例子的方式体会"任何一个大于 7 的奇数都能被表示成三个奇质数（也叫素数）的和"的可行性和正确性，进而引发学生从无限数据角度证明"哥德巴赫猜想"通用性和普适性的兴趣，同时使学生对一一列举策略的应用产生深层次认识，体会到一一列举策略在实际应用中存在的局限性。这样的教学真实而内容丰厚，从实际情况出发，调动学生学习的积极性，有助于促进他们思维的发展。

2. 明理

清朝的思想家章学诚在《文史通义·原道下》中曾写道："文章之用，或以述事，或以明理。"在数学史的内在教育价值方面，明理即数学史能够阐明数学知识从何而来。

在小学数学教学中，教师常常会遇到学生提出的各种各样的"为什么"。例如："小棒为什么满 10 根就要捆成一捆？""'小数'是很小的数吗？""0 表示什么都没有，那负数比 0 还要小，比'什么都没有'还要少，怎么可能呢？"……

这些问题的解答对于教师来说往往比较棘手，因为它们都属于"历史的为什么"，而不是"逻辑的为什么"。教师只有追溯相关内容的发展史，从历史发展的角度去予以解答，才能够让学生理解，进而接受，这一过程绝不可能通过强硬地让学生被动接受而达成预期目标。

那这些问题究竟应该如何让学生理解呢？事实上，要想让学生理解，我们首先应该自己理解。

"小棒为什么满 10 根就要捆成一捆？"这要从人类产生数的观念的时期开始说起。人类产生数的观念的时期可以追溯到旧石器时代，距今有几万年的时间。当时穴居的原始人在采集食物和捕获猎物的集体行动中，特别是在分配和交换剩余物品的活动中，免不了要进行记数。虽然后来分布在世界上不同地区的不同民族，都各自发展出了不同的符号来记数，但是最初几乎都是用一横杠或一竖杠（即"一"或"丨"）表示 1，用两横杠或两竖杠（即"="或"‖"）表示 2，也就是说，要表示几，就画几杠。可是，遇到较大的数字时，就要画很多杠，这样既费时间，又不容易数清。为了简化记数的方法，人们需要创造一个新的符号来表示一个特定的大一些的数。很多地区的人都把这个特定的数定为 10，因为一个人有 10 个手指，而手指是人类最早采用也是最方便的记数工具，于是十进制就产生了。之后，当人们遇到了更大的数需要表示时，就依据先前"满十进一"的方式给 100、1000、10000 等更大的数规定了专门的符号。

"'小数'是很小的数吗？"其实"小数"这个名称和其数值并没有

特定的关系。汪晓勤教授指出："'小数'源于三国时代数学家刘徽所说的'微数'。他在注《九章算术》时引入十进小数概念，对于开不尽的根，将无法命名的'忽'以下的部分称为'微数'：'微数无名者以为分子，其一退以十为母，其再退以百为母。退之弥下，其分弥细……'因此，以'忽'为单位，刘徽所说的'微数'就是我们今天所说的带小数的小数部分，即纯小数，确实是较小的数。今天，我们所说的'小数'不再只限于纯小数，因此，名称的字面意义与概念的内涵也就分道扬镳了。"[1]

此外，比表示什么都没有的 0 还要小，有可能吗？这种疑问其实存在已久。"在数学史上，把负数称为'荒谬的数''虚假的数'的人不在少数。例如，德国数学家施蒂费尔在《整数算术》中称从零中减去一个大于零的数，得到的数'小于一无所有'，是'荒谬的数'。请注意，他在这里认为负数荒谬的原因是'小于一无所有'。换言之，其内在的逻辑是 1 表示一件物体，2 表示两件物体……，0 表示什么都没有，'什么都没有'就到了尽头了，而负数比 0 还要小，比'什么都没有'还要少，这怎么可能呢？可见构建负数的理性认识，困难之处不在于概念本身的高度抽象性，而在于人怎么跨越和扩展自己的已有认识。可见，认识负数的教学，一定要在具体经验的层面上引导学生体会负数和 0 的关系，抓住了这点，负数的意义才能和学生认知结构中已有的数系沟通起来，才能达到数学理解的层次。"[2]

通过以上的例子可以发现，如果学生能从数学史的角度来把握数学本质，这将会是非常有效的学习策略。正如著名数学家和数学教育家波利亚所言，"只有理解人类如何获得某些事实或概念的知识，我们才能对人类

---

[1]　汪晓勤.数学史与数学教育 [J].教育研究与评论·中学教育教学，2014（1）：8 – 14.（注：引文有修改）

[2]　蔡宏圣.数学史：从象牙塔到小学课堂 [J].课程·教材·教法，2009，29（2）：40 – 44.（注：引文有修改）

的孩子应该如何获得这样的知识作出更好的判断"。数学史就是这样的"一剂良方"，阐明了数学知识从何而来，展示了数学知识的起源、形成与发展过程。

3. 哲思

提到"哲思"，可能大多数人第一时间想到的是数学和哲学的关系。确实，数学作为基础性学科，其思想的深刻性非常突出，与哲学间的显性关系、隐性关系都非常丰富。那么，数学史中的"哲思"到底是指什么呢？其实这里"哲思"的主要含义是解释"数学是一门什么样的学科？"这一带有浓厚哲学味道的问题。

在古希腊罗马时期，哲学尚未与其他的学科明确分离，所以许多哲学家本身就是数学家。这个时期的哲学家探讨的主要是自然哲学和本体论的问题。为了弄清楚客观世界及其规律究竟是什么，他们创造了数学方法、辩证法和逻辑方法，这是西方理性思维的萌芽时期。近代西方的许多哲学家，其本身也是数学家。例如，伯特兰·罗素是 20 世纪英国哲学家、数学家、逻辑学家，也是 20 世纪西方最著名、影响最大的学者与和平主义社会活动家之一。罗素也被认为与弗雷格、维特根斯坦和摩尔等一同创建了分析哲学。他与怀特海合著的《数学原理》对逻辑学、数学、语言学和分析哲学有着巨大影响。1950 年，罗素获得诺贝尔文学奖。他的代表作品有《西方哲学史》《数学原理》《哲学问题》《物的分析》等。

法国数学家、哲学家、物理学家笛卡儿主张用"怀疑"代替"盲从"和"迷信"，倡导通过理性去获得真理，认为科学家应该是自然界的探索者和关心科学用处的人。基于这种哲学观点，他在数学研究中，决心放弃抽象推理式的几何，去寻找一种有利于人们解释自然、改造自然的几何。为了实现上述设想，他把代数方法应用于几何研究，促进了解析几何学的创立，而解析几何学创立后人类进入变量教学阶段，完成了数学史上划时代的伟大变革。

　　一位数学家说过类似这样的话：没有数学，人们无法看透哲学的深度；没有哲学，人们也无法看透数学的深度；而没有这两者，人们就什么也看不透。这段话深刻地表明了数学与哲学的丰厚关系。在我看来它至少包括这么三层意思：一是认识数学必须依靠哲学的沉思，而认识哲学也必须依靠数学的分析；二是哲学走向纵深离不开数学的滋养，数学走向纵深离不开哲学的关怀；三是哲学和数学是人们看透一切事物所不可缺少的左眼和右眼。例如，老子曾经在《道德经》中说道："道生一，一生二，二生三，三生万物。"试想一下，如果没有数学，纵然是老子这样的大家，也无法表达如此有哲理的话。

　　由此可见，数学史能引发学生对数学问题自觉地进行哲学沉思。学生不唯师、不唯书、不唯上，怀着一定能揭示事物本质的信念，去探索、认识事物，而不是仅仅凭主观感受，迷信权威和专家，不做深入的思考和分析，简单地评价事物的正确与否。

4. 求真

　　数学家辛格在一次演讲中讲述了一个极有趣的猜谜形式的笑话。"一个人从飞机上跳伞下来，挂在一棵树上，这时另外一个人正好路过，他就问路过者：'喂，伙计，我现在在哪里？'那个过路人抬起头，说道：'你在一棵橡树上，悬挂在一件降落伞下，离开地面10英尺半。'要猜的谜是，那个过路人是谁？回答是，他是数学家。理由有三条：第一，他的回答是简洁的；第二，他的回答是准确的；第三，他的回答是不相干的。"[1]前两

---

[1]　王善平. 数学：科学统一的纽带 [J]，世界科学，1990（1）：2-6.（注：引文中的"10英尺半≈320厘米"）

点说明了数学的特性，然而，第三点却歪曲了数学在科学技术中的地位和所起的作用。这正是数学所面临的问题——数学是不相干的这一观点似乎很流行。其实不然，数学本身产生于生产和社会实践，社会中的一切生产活动，若离开了数学将不可想象，当代社会在好多基本方面都趋于数学化。社会的发展、人类的文明都需要数学。

作为一门研究数学学科的产生、发展及其规律的学问，数学史不仅仅是史料知识这么简单，它除了可以探索数学的内涵、思维逻辑方式的演化、发展历程，还研究数学发展给人类几千年的文明所带来的影响，以及其在人类历史上举足轻重的地位，更具体化地可理解为，数学史可以让学生了解数学与有趣的、有用的发明之间的密切联系。

例如，通过数学史我们知道，数学起源于数（shù），数（shù）起源于数（shǔ）。人类最早的数数工具就是双手与双脚，但数字大于 20 的时候，人类就用木棍或者石子来代替手脚作为数数工具，后来逐渐发明了数字来代表这些具体的事物，所以数学天生就是抽象的东西。数学在日常生活中普遍应用于农业、建筑等领域，大大提高了人类的生活水平。

现代军事科学研究中广泛应用了数学中的蒙特卡罗方法。例如，军事家利用蒙特卡罗方法可以建立战斗的概率模型，从而可以在实战前对作战双方的军事实力、政治、经济、气象等因素进行模拟，但这些因素可能随时发生变化，如果在计算机上进行战斗模拟，计算机就可以在很短时间内把一个很长的战斗过程模拟下来，告诉我们可能的结果。这样，军事指挥人员就可以进行成千上万次的战斗模拟，从中选择对自己一方最有利又最稳妥的作战方案，赢得战争的胜利。

借助数学史剖析数学与人类文明发展之间的关系，可知数学在人类文明发展进程中具有基础性作用，这种基础性作用更多地体现出数学规律的确定性、客观性及普遍性。数学推动了重大的科学技术进步，尤其是现代数学和现代文明的结合，更加体现出了数学的这种基础性作用。

（二）数学史的外在教育价值

数学史的外在教育价值是一种外显的价值。在此，我将结合具体案例从文化教育价值、道德教育价值和审美教育价值三个方面进行分析与阐述。

1. 文化教育价值

首先，谈到数学史的文化教育价值，我们有必要先从概念的角度对文化、数学文化及数学史进行一些必要性的阐述。

"从广义上讲，文化是指人类在社会生产和发展过程中创造的精神财富和物质财富的总和；从狭义上讲，文化是指人类的意识形态，即创造的精神财富。"[1]数学是人类文化的重要组成部分。在数学教育中，数学文化和数学史融入数学教学，可以帮助学生感受数学文化，加深对数学及数学史的理解。但是，我们所说的数学文化，与数学史并不是等价的，而且数学文化也并不是简单的数学史的堆砌。在数学教学中运用数学史知识时，教师不能简单地、就事论事地介绍史实，而应该着重揭示含于历史进程中的数学文化的价值，营造数学的文化意境，提高数学的文化品位。例如，中国古代的数学家以其注重实用和算法化的传统，形成了以《九章算术》为代表的中国传统数学文化的整体特色；古希腊的数学家则以其崇尚思辨和注重演绎的传统，形成了以《几何原本》为代表的古希腊数学文化的特色。因此，从这种意义上说，数学也构成了一种文化，数学共同体和数学传统正是数学文化整体性的体现。

---

[1]　余玉兰．数学文化与数学史的教育价值研究 [J]. 林区教学，2019（3）：98 – 100.

对于数学史与数学文化领域，《二十世纪数学史话》一书中结合具体案例进行了详细的分析与阐述，认为教师在课堂教学过程中应该揭示出数学史中所包含的社会文化内涵部分，提供丰富且真实的数学史料和数学趣闻，解释或引导学生理解数学史中所包含的文化价值观。教师应通过多种方式深化学生的价值观和对数学知识的文化理解，营造数学史知识的文化氛围和文化观念。

数学学科本身作为一种文化，不仅是整个人类文化的重要组成部分，而且始终是推进人类文明的重要力量。对于每一个希望了解整个人类文明史的人而言，数学史是必读的篇章；不了解数学史，就不可能全面了解整个人类的文明史。

2. 道德教育价值

数学学科中的每一个定理、公式背后都隐藏着一个人物、一种思想、一种品格，它有利于开阔学生的视野，滋润学生的心灵，使学生树立正确、全面的数学观。例如：非常具有想象力的数学家黎曼，对数学分析和微分几何作出了重要贡献；被称为"最后一个数学全才"的庞加莱，涉及的数学领域极广，庞加莱在数学方面的杰出贡献对 20 世纪和当今的数学学科产生了极其深远的影响。这些丰富多彩的数学知识，是激励学生进行数学创新的动力。同时，一位数学家的人格魅力，会让学生爱上数学；一个励志的数学故事，会让学生形成努力奋斗、不放弃的品质；一个恰当的数学环节，会让学生养成严谨、有逻辑性的数学思维。品味数学史中的人文精神，感受数学家们的情操、思想，这些会感召学生的心灵，激励学生的行动，塑造学生的人格。

数学史对于学生的道德教育而言有着非常重要的意义，主要表现在三个方面。

第一，数学史的学习有助于爱国主义教育和国际主义教育。我国的数学具有辉煌的发展历史。在古代我国曾是数学大国，取得的数学成就得到了世界的公认；在近现代我国也涌现出了多位数学大师，如华罗庚、陈景润、陈省身等数学家在全世界都享有盛誉。在我国数学不断发展的同时，国外在数学领域也有令人瞩目的成果不断诞生。因此，对数学史的学习和了解，不仅能够使学生感受祖国的光辉荣耀，激发学生的民族自信心和自豪感，同时也能使学生接轨国际数学教育，了解其他文化中有关数学的应用，并体会到数学文化的多样性，为数学的无穷魅力所折服。

第二，数学史的学习有助于学生对辩证唯物主义思想的理解。在数学教学中，很多数学概念是以相对概念的方式出现的，如大与小、多与少、加与减、乘与除等。数学是严谨的，这一点是毋庸置疑的，但这并不代表数学是不可置疑的。数学的发展也是在不断对立、转化的循环往复中进行的。数学史不仅是一部矛盾史，也是一部运动发展史，充满了辩证唯物主义思想。

数学史上出现了三次危机。第一次数学危机：毕达哥拉斯学派提出"万物皆数""一切数均可表示成整数或整数之比"，然而希帕苏斯（又译为"希伯斯"）的发现推翻了后一个结论，自此无理数诞生。第二次数学危机：由牛顿、莱布尼茨创立的微积分在当时解决了许多数学难题，但是它存在一个不足——微积分理论建立在无穷小的基础上，但他们对无穷小的概念介绍得较为模糊，直至柯西用极限的方法定义了无穷小量，这一问题才得以解决。第三次数学危机：康托尔创立了著名的素朴集合论，当时的数学家认为从自然数与康托尔集合论出发可建立整座数学大厦，然而这一美好愿景因英国数学家罗素所提出的罗素悖论而破灭。不难发现，三次数学危机得以解决，在于后人敢于质疑并极力找出解决方法，从而使相关理论知识更为严谨与完善。因此，教师开展数学史教学，有助于引导学生用发展的眼光来学习数学，加深学生对辩证法和唯物主义的认识与体会。

第三，数学史的学习有利于学生健全人格的培养。数学史上的每一次进步，都是基于数学家艰辛的探索和实践，哪怕是一个小小的证明，都需要付出极大的耐心。伟大的数学家，如欧拉、华罗庚等，身残志坚，为钻研数学付出了极大的努力。通过数学史的学习，学生能够意识到，任何通往成功的道路都不会是一帆风顺的，数学发展的每一步都是一代又一代的数学家通过不懈努力走出来的，这能够激励学生勇敢地克服困难，不断提升自身的思想品质，健全自身的人格。

3. 审美教育价值

数学及数学文化对世界秩序和世界内在结构的精确描述，使数学成为美学四大构件（史诗、音乐、造型、数学）之一。数学之美主要体现在对称美、简洁美、统一美、和谐美、奇异美，以至数学常常被作为一种特殊的审美形态——数学美，而为人们所普遍欣赏和追求。"数学是上帝描写自然的语言。""哪里有数，哪里就有美。"可见，数学源于自然，是对自然之美的探索和解密。数学的内在美具有的神奇魅力，是驱使数学家奋斗和拼搏的内在动力。随着社会的进步和发展，数学史的审美教育价值逐渐引起教育界的注意并被挖掘出来。

例如，黄金分割是古往今来被人们普遍认可的呈现数学美的典型。公元前 6 世纪，古希腊的哲学家、数学家毕达哥拉斯创立的学派初涉这个比例。随后在公元前 4 世纪，柏拉图学派中杰出的数学家欧多克索斯，在处理不可公度量问题时对其进行研究，而依其建立的比例论推动了数论和几何学的发展。最后，在欧几里得的《几何原本》著作中，黄金分割得到系统的论述。中世纪后，黄金分割被披上神秘的外衣，意大利数学家帕乔利称黄金分割后获得的比值 0.618（黄金比）为神圣比例，并专门为其著书立说。德国天文学家开普勒称黄金分割为神圣分割。到19世纪黄金分割这一名称才逐渐通行。黄金比有许多有趣的性质，人类对它的实际应用也很广泛。

在我们生活的环境中，很多门、窗、桌子、箱子、书本之类的物体，它们的宽度与长度之比近似 0.618，就连一些树叶的宽与长之比、蝴蝶身长与双翅展开后的长度之比也接近 0.618。

人体上的黄金比。最完美的人体：肚脐到脚的距离 / 头顶到脚的距离 =0.618。最漂亮的脸庞：眉毛到脖子的距离 / 头顶到脖子的距离 = 0.618。达·芬奇的《蒙娜丽莎》、拉斐尔笔下温和俊秀的圣母像，都有意无意地用上了这个比值。人们公认的最完美的脸型——"鹅蛋"形，脸宽与脸长的比值约为 0.618。如果计算一下翩翩欲仙的芭蕾舞演员的优美身段，可以得知，他们的腿长与身长的比值也大约是 0.618，表现了人体的美。

建筑艺术中的黄金比。科学家和艺术家普遍认为，黄金分割是建筑艺术必须遵循的规律。因此，古代的建筑大师与雕塑家就巧妙地利用黄金比创造出了雄伟壮观的建筑杰作和令人倾倒的艺术珍品：大约公元前 2585 年建造的胡夫金字塔，其原高度与底部边长约为 1 : 1.6；公元前 5 世纪建造的庄严肃穆的雅典帕特农神庙身处古希腊数学繁荣的时代，它的魅力就是建立在严格的数学法则基础之上的。当今世界的著名建筑——位于加拿大多伦多的国家电视塔，举世闻名的法国巴黎埃菲尔铁塔，都是根据黄金分割的原则来建造的。

数学史上类似的例子比比皆是，数学与音乐、数学与围棋等方面的探究成果无不彰显了数学所潜藏着的智慧和美。因此，教材所呈现的数学史料及相关图片，不仅能让学生获得数学美的熏陶，提高审美意识，也有助于教师在欣赏数学美的同时寻找、挖掘教材中更多的美的元素。

二、数学史融入教学的方式

在《现代汉语词典》中，"融"字的第二条解释为"融合；调和"，有和谐的意思。"融入"则一般指很好地适应一种环境。数学史融入教学，是基于教学的必要性，让数学史不露痕迹、和谐地参与教学，绝非简单移植和嫁接，因此，需要教师对数学史料进行深入挖掘、提炼、再创造和升华。融入的方式可以是多种多样的，但是要结合学生的年龄特点、心理特点、思维特点和数学史料自身的特点，让学生主动建构知识，感受数学的神奇魅力，领悟数学的真谛，从而加深对数学知识的理解，进一步发展数学思维能力。

汪晓勤教授和其团队根据数学史融入数学教学的实践，结合西方学者的有关讨论，总结出数学史在数学教学中的四种融入方式——附加式、复制式、顺应式和重构式（见下表）。

数学教学中运用数学史的方式 [1]

类别	描述
附加式	展示数学家的图片，讲述数学家的故事；或介绍数学概念、数学术语、数学符号等的来源
复制式	直接采用历史上的数学问题、问题解决方法或定理证明方法等
顺应式	对历史上的数学问题进行改编或根据历史材料编制数学问题
重构式	借鉴或重构知识的发生、发展历史，采用发生法进行教学

从目前的调查情况来看，附加式的融入方式在当前的小学数学教学中比较常见。原因之一是，这种方式对教师的数学史素养要求较低，便于在教学中采用。但是，这种最简单的融入方式显然不能很好地彰显数学史的教育价

---

[1] 汪晓勤. 数学史与数学教育 [J]. 教育研究与评论·中学教育教学，2014（1）：8–14.

值，而且如果过多地采用附加式教学也容易导致学生的审美疲劳，不能引发学生的兴趣和深入思考。此外，从数学史与教学内容的关联程度而言，附加式的融入方式只是做到了"用"，而没有达到"融"。据此，本书中不再对附加式的融入方式进行具体阐述。

复制式、顺应式和重构式这三种融入方式各有各的适用情境，且达到的效果也不尽相同，没有优劣之分。实际教学中教师可以根据不同的教学内容、不同的学生对象、不同的数学史料，选择不同的融入方式。

（一）复制式融入

复制式融入即直接采用历史上的数学问题、问题解决方法或定理证明方法等，具体来说有如下几种应用方式。

1. 介绍数学概念的发生、发展过程

数学概念一旦被定义，就有了质的规定性。教学实践中，很多教师往往把教材中涉及的数学概念当作纯粹的规定性知识来教，着眼于学生常识性、静态性知识的获得。这样的教学，学生只是对这些规定性知识进行机械式运用，只重发现，而忽视了建构和创造。我们完全可以跳出规定性知识的樊篱，让学生了解规定性知识的动态创造过程，既重发现，也重创造。

在概念教学中，我们可以从介绍概念产生和发展的历史出发，研究所学概念的本质，设计能引导学生经历发现或创造过程的活动，还概念以本来面貌，让学生的学习过程契合概念本身发生、发展的规律。下面以"认识厘米"教学片段为例，具体教学过程如下。

环节一，融入数学史，体验多样的测量方法

·完成课前学习单

课前学习单上两条线段的实际长度：水平方向线段长 7 厘米，竖直

方向线段长 6 厘米。

课前学习单

　　如果不用直尺量，你能比较下面两条线段的长短吗？请把你的比较方法记录下来，并准备在课上交流展示。

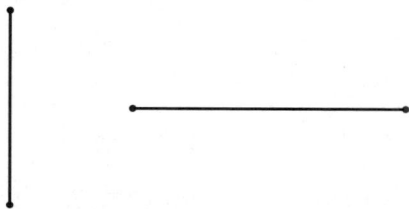

· 介绍历史上出现的测量方法

师："我们看看古人是如何测量长度的（出示图片：古人用一庹、一个脚印、一拃作为测量物体长度的工具）。看了古人的测量方法，你们有什么感想？"

生 1："古人很聪明，想到了那么多测量长度的方法。"

环节二，借助数学史体会标准统一的必要性

师："是呀！为了统一标准，有些古人还用小树枝做成小棒（课件演示）量比较短的物体。比如，要量一根兽骨的长度，他们就用同样长的小棒，一根紧贴着一根地沿着兽骨接排好，看这根兽骨有几根小棒长（课件演示）。"

生 2："6 根。"

师："看来可以用小棒进行测量。课前我请两位同学用小棒分别量了课前学习单上的这两条线段（见下图）。女生量的是竖直方向的线段，有 6 根小棒长；男生量的是水平方向的线段，有 2 根小棒长。你们能判断出来谁量的线段长吗？"

两位同学用小棒测量线段长度示意图

生3："女生量的线段长。"

师："真的是这样吗？你们有什么想法？"

生4："用于测量的小棒不一样长，所以不能进行比较。"

师："看来，要用小棒来比较线段的长短，用于测量的小棒长度要怎么样？"

生5："要用一样长的小棒来测量。"

师："是呀，标准统一很重要！于是，聪明的人们就选定了三种测量长度的小棒。这种小棒用来测量比较长的物体的长度（出示1米长的小棒）；这种小棒可以测量不是很长的物体的长度（出示1分米长的小棒）；要是量很短的物体的长度，就用这种小棒（出示1厘米长的小棒）。你们选择用哪种小棒来量这两条线段呢？为什么？"

生2："选最短的那种。因为另外两种对于两条线段来说太长了，不能帮助比较。"

师："是呀！同学们，刚刚你们就经历了古人创造一个测量单位的过程。今天这节课，我们就一起来研究以这种小棒的长度为测量标准的知识。有谁知道这根小棒的长度（出示1厘米长度的小棒）？"

生3："1厘米。"

师："没错，这根小棒的长度就是1厘米。厘米是一个长度单位，今天我们就来认识厘米。"

…………

在厘米这一概念的教学伊始，教师通过介绍测量的历史将学生带到了测量历史发展的某一个阶段：为了解决实际问题，急需创造一个计量单位。然后教师创设交流情境，学生发现计量单位标准不统一，容易造成交流不畅，于是标准统一的呼声越来越高。这样，课堂中的学生，在学习的过程中就会深刻地体会到计量单位由经验层面提升至科学层面的必要性，进而感知到计量单位科学性之所在。而这样的一个学习过程，恰恰是每个计量单位从诞生到确立必经的历程；这样的教学设计，让数学史不知不觉地融入了学生的数学学习之中。

2. 介绍历史名题、名言或名著

之所以称为名题、名言或名著，是因为它们在历史上占有重要地位。了解历史上的数学家对这些问题的分析和解决过程，剖析他们的数学思想和方法，对于数学概念教学是非常有意义的。例如，讲授"圆的认识"这节课时，在具体的问题情境中学生探究学习了如何画圆，圆的半径、直径及二者的关系之后，教师引入了数学名言"一中同长也"和"大方无隅"，通过介绍名言引导学生在对历史文化的学习中夯实对圆本质特征的理解，感受极限思想，同时也渗透了爱国主义教育。

（二）顺应式融入

顺应式融入即对历史上的数学问题进行改编或根据历史材料编制数学问题。在小学数学教学中，大部分教师可以以教材中呈现的数学史为依托，针对某个数学概念对教学内容、学习方式进行简单调整，即依据数学概念产生和发展的历史过程设计教学过程，沿用教材中的设计思路，但对内容呈现的顺序、方式进行简单调整。下面以"方程的认识"教学设计为例，具体教学设计内容如下。

1. 教材分析

教材是通过引导学生看天平和生活中的实际情境，找等量关系和不等量关系，然后分别用等式和不等式表示，通过观察、对比得到方程的定义，即含有未知数的等式是方程。

2. 数学史料分析

教材中方程知识的编排是按照概念教学的基本模式进行的：首先对比不同点，然后提炼相同点，最后得到一个概念。但是如果我们阅读有关方程的史料，可能会形成不一样的认知路径。中国古代数学著作《九章算术》中有专门关于方程的一章。虽然这一章没有给方程下定义，但是利用方程、方程组的思想解决了许多历史上遗留下来的数学问题。后来，欧洲的数学家才给这样一个在数学界用了许久的思想下了一个定义："含有未知数的等式叫方程。"由此可以看出，方程思想和方程定义并不是一回事。方程思想是指先得到等量关系，然后想办法推导出未知条件。而方程的定义描述的是方程的表象，它是方程思想的外在形式。那么，教学中，对于学生而言，是掌握方程的定义、会判断哪个式子是方程重要，还是掌握方程的思想重要呢？毫无疑问应该是后者。

通过以上对数学史料的解读和分析，我们在教学过程中对教材里呈现的相关内容进行了如下调整。

3. 教学片段

在本节课的导入环节，教师没有使用教材中的方式，而是精心地设计了质量为 40 克的神秘物体，让学生用 10 克、20 克、50 克、100 克的砝码称量，而无法直接得到神秘物体的质量。于是，学生通过不断调试，得到了一些不等式和等式，例如，神秘物体 <50 克，神秘物体 $>(20+10)$ 克，神秘物体 $+10=50$（克），神秘物体 $+$ 神秘物体 $=80$（克）等。然后教师让学生用字母表示神秘物体的质量，得到含有未知数的等式和不等式。接下来依据教材中的编排，学生通过对比得到方程的定义。这样做的好处在于可让学生经历利用方程思想解决问题的过程，体会到在众多的式子当中，"含有未知数的等式"能够帮助自己得到想要的答案和结论，从而解决生活中的实际问题。与此同时，学生也能够体会到用"含有未知数的等式"这种表达方式，虽然不能直接得到问题的答案，但可以依据等量关系间接地实现对问题的解决。这看似走了弯路，却不失为一种很好的解题思路，这也正是方程思想的价值所在。

其实，通过前期的教材梳理，我们发现教材中很多关键性的知识点，是依据知识产生的历史过程精心设计、编写的。因此，我们可以通过对它们的调适，使概念教学更有效、学生学习兴趣更浓，这样，学生对概念的理解也会更深刻。调适融入策略不需要教师有太多数学史方面的知识，它更注重以教材为本，教师要能够有效地利用教材来渗透数学史。因此，教师在概念教学过程中寻求恰当的表达方式是渗透数学史较易操作的基本策略。

（三）重构式融入

重构式融入即借鉴或重构知识的发生、发展历史，采用发生法进行教学；也就是把数学史作为教学线索和依据，不明确地介绍数学史，而是用数学史来启示教学，启发学生思考和体验，进而习得知识。具体而言，教师可以在教学中通过创设数学知识产生的历史情境，让学生体验数学知识发展的历史过程。

教师可以针对教材中有代表性的数学概念的教学规律和特征，依据其在数学史中的发展历程及学生的认知特点创设历史情境。下面以"平均数"教学设计为例，具体教学设计内容如下。

1. 教材分析

平均数属于统计与概率领域，是人教版小学数学教材四年级下册第八单元"平均数与条形统计图"第一课时的教学内容。平均数是一个重要的刻画数据集中趋势或中心位置的统计量，它常用于表示统计对象的总体情况，但是它也有自身的缺点，比如容易受极端数据的影响。从统计学角度来看，描述一组数据的统计量主要有三种：集中量数、差异量数、相关系数。集中量数表示一般水平或集中趋势的量数，如平均数、众数、中位数。原来小学数学教材中还安排了众数、中位数等概念的学习，现在已经上移到了初中，平均数在教材中的安排也从三年级下册移到了四年级下册。因此，当前在小学数学教学中，平均数作为唯一表示数据集中趋势或中心位置的统计概念，在统计教学中占有极其重要的地位。传统的平均数教学是将平均数的认识放在解决问题的典型应用题中，注重培养学生平均数计算能力。这样的教学使一部分学生具备了一定的解题能力和技巧，但也有相当数量的学生解题能力与数学素养之间并不协调。例如，一些学生对生活中的许多现象不能从数学角度思考，不能用所学的数学知识来解决，说明学生数学能力的发展不够全面。现在的课程把统计与概率的知识一起呈现，目的是培养学生的数据分析能力。平均数若从字面上理解，容易和平均分产生混淆。据此，在平均数的教学中，教师要基于对问题的研究，让数据"说话"，引导学生体会平均数的来源和意义，掌握求平均数的方法，培养学生的数据分析能力，让学生在应用平均数过程中感受其应用价值，凸显平均数作为统计量的决策作用。

2. 数学史料分析

在课堂中平均数有很多教学层次，对平均数的历史的分析能够帮助我们识别这些层次。

第一，利用平均数估计大数。例如，相传公元 4 世纪，在古印度，一棵枝叶茂盛的大树长有两条大的树枝，有一个人要估计树枝上的树叶和果实的数目。他首先估计了根部的一条细枝上树叶和果实的数目，然后乘树枝上所有细枝的数目，得到估计值为2095。经过一夜的计数，人们最终确定，他得到的估计值十分接近实际的数目。

第二，中点值可能是算术平均数的前概念。它指的是两个极值的算术平均数。阿拉伯人曾经在天文、冶金和航海领域广泛应用中点值。

例如，一个雅典指挥官在一本书中讲述了一个利用中点值计算船员数的故事。公元前400年，有一个人动用了1200条船。这批船中，每条船上最多120人，最少50人。因为船数较多，若逐一清点船上的人数，既浪费人力，又浪费物力和时间；又由于每条船上的人数差异较大，不能随便以某条船上的人数作为代表，否则，得出的数据与真实值差距太大。所以，为了合情合理，这个人选择了中点值。为获得这批船上的总人数，可以取上述最大数120和最小数50的平均数作为平均每条船上的船员数，以此估算出全体船员数。

第三，平均数应用于公平分担。贸易航线中的公平分担问题也涉及了平均数的计算。很久以前，地中海的贸易航线就已经存在了。在遭遇暴风雨袭击时，人们需要扔掉一些过重的货物，以避免翻船或保全其余的货物。后来，商人与船主认为货物和船的损失应该由双方公平分担。这种思想逐渐成为惯例，并被写进了法律条款中。

对于在具体情境中如何处理，如"应该按照什么比例进行补偿？"的问题，其中一项条款指出，应该把保留下来的和已经丢弃的货物各自的价值计算出来，然后给商人和船主平均分配这两种价值。这就涉及计算平均数的问题。当时的计算由被称作"平均调解员"的人来负责，这是一项严肃的工作。后来，英国甚至还成立了"平均调解员协会"。

第四，多次测量取平均数可以减小误差。天文学家常对观测数据取平均数以减小误差。生活在16世纪的第谷，在工作中经常对同一个天文现象进行重复观测，并将观测数据分组，他的这一做法随后被更多的人采纳，逐渐成为一种科学研究方法。据说，他在 6 年时间里对某一天文现象进行了重复观测并得到一组观测值。他先从 1582 年的观测值中挑选了 3 个数据；再把 1582 至 1588 年的 24 个观测值，两个一组求出平均数，得到 12 个数据；最后求出这 15 个数据的平均数作为真实值的估计值。由此可知，第谷使用算术平均数来减小系统误差。

第五，平均数不一定具有实际意义。曾经，平均数是用来估计真实值的，如估计大数、在天文学中利用平均数减小误差等。在这些例子中，取平均数作为一种方法而出现。而平均数作为总体的一个代表值或代替值经历了很多年的发展。后来，"平均人"的概念被提出，这是发明者虚拟的一个人。"平均人"被定义为这样一个人：他在一切重要的指标上都具有某个群体中的一切个体相应指标的平均值。这种人在现实中不存在，但给人很真实的感觉，因为的确有接近这种状况的典型。这种从真实值到统计意义下的代表值的转换是一个重要的观念性改变。

纵观平均数的发展史，我们可以发现，人们对平均数的认识并不是那么一帆风顺的。曾经，人们从一组数据中寻找一个中间值作为代表值，以中间值估计总数，当时这个值真实存在于这组数据中。后来，人们将每次谨慎测量得到的数据"求和再均分"获取平均值，再发展到将算术平均数作为一种数据处理方法，这是人类认识的一次质的飞跃。而"平均每个家庭有 2.5 人"的出现，将人们对平均数的认识推到了新的高度。这里的"平均"成为一种测量手段，"平均"被赋予"代表性、典型性"的含义。基于对平均数历史发展过程的分析和理解，平均数的教学应基于平均数的发展史进行设计，重点放在理解平均数的实际意义，凸显平均数作为统计量的决策作用，以及感受平均数的应用及价值上。

3.教学片段

环节一，创设情境，感悟中间值并估计总数

题目 1：学校举行一分钟踢毽子比赛，四年级（1）班全体同学参加了比赛，下图表示四年级（1）班 6 个组参加踢毽子比赛的人数，你能估计出四年级（1）班参加比赛的一共有多少人吗？

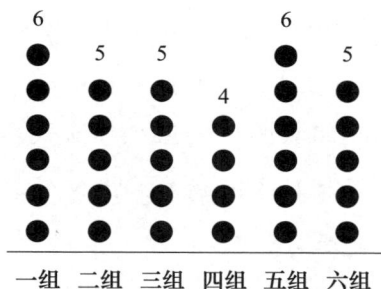

四年级（1）班 6 个组参加踢毽子比赛的人数

师："请大家不要使用加法计算，先估计一下，四年级（1）班参加踢毽子比赛的一共有多少人。"

生 1："我觉得大概是 30 人。"

师："说说你的想法。"

生 1："因为 5 是这组数中处在中间的数，一共有 6 个组，用 5 乘 6，得 30 人。"

师："这个想法不错。一组数中间的那个数，我们可以称它为中间值。那参加踢毽子比赛的有可能是 36 人吗？"

生 2："不可能，因为只有 2 个 6，其他都比 6 小，这个估计值太偏离总数了。"

师："那有可能是 24 吗？"

生 3："不可能，太小了。"

师："回顾一下，刚才我们是怎样估计的？"

生 4："用 6 个数的中间值 5 来代表每一个数，再乘 6。"

师："如果要选一个数代表这组数的总体水平，选 6 可以吗？选 4 呢？"

生 1："选 6 不合适，因为 6 是这组数中最大的。"

生 2："选 4 也不合适，因为 4 是这组数中最小的。"

师："那选哪个数比较合适？"

生 5："我认为选 5 比较合适，因为 5 是这组数的中间值，并且这组数中有 3 个 5。"

师："我们可以用这组数的中间值 5 作为代表来估计总数。其实古印度人就用这种方法估计树枝上的树叶和果实的数目。这节课让我们带着古人的智慧开始我们的学习。"

平均数的发展历史启发我们，在教学设计时，应该把大数（总数）估计问题作为学生的认知起点，通过教学活动让学生再现这种方法，以培养他们对平均数的直觉能力。在学生感知了代表性的思想之后，我们再引出平均数，而不是让学生掌握了平均数的计算方法以后，再来理解平均数的代表性。

环节二，探究新知，用平均数作为总体水平的代表值

题目 2：班主任从体育老师那里要到了四年级（1）班一分钟踢毽子比赛的数据，并以组为单位进行了统计。请看，这是第一组学生踢毽子的个数：25、23、34、47、25、26。观察这组数，大家有什么发现？

生 1："第四个人踢得最多，第二个人踢得最少。"

师："这位同学好眼力，很轻松地就找出了这组数中的最大值和最小值。"

生 2："第一个人和第五个人踢的数量一样多。"

师："这位同学不仅关注到了个别数，还关注到了局部。"

生 3："第一组学生踢毽子的数量都在 23 个以上。"

师："咦，还真是都在 23 个以上，可见这位同学一下就观察到了这组数当中的最小值。我们再来看看第三组数：26、31、40、33、30。现在，大家认为哪组学生踢毽子的总体水平更高？现在两个组进行对比，还能不能比较他们的最大值和最小值？"

生 4："比较最大值或最小值，都只是代表了个人水平，不能代表总体水平。"

生 2："我们可以比较总数。"

师："比较总数是站在了整体的角度上进行思考的，有见地。"

生 2："比总数不公平，人数不一样。"

生 3："那我们是不是可以去掉一人或增加一人再比较？"

师："大家意识到了这两组数的不均衡问题，想进行改造。"

生 1："改造了数，不能真实反映出总体水平。"

师："你们认为用什么比更合适？"

生 4："那我们可以比平均数！"

师："什么叫平均数？看来今天我们真的有必要好好研究研究平均数。"

…………

以上环节依据平均数历史发展中的认知难点，结合生活中的数据，通过问题引导学生进行比较和分析，在各种统计方法的对比中，感受用平均数进行统计的必要性。

上述的两个环节依据平均数的历史进行教学活动情境创设，将平均数的历史起点作为教学起点，将平均数历史发展中的认知难点作为教学的难点。在这一过程中学生重新经历了平均数的发生和发展过程，对平均数的理解也必将是深刻且鲜活的。

三、数学史融入实践的方式

在小学数学教学中增设"综合与实践"活动，既是适应课程改革的需要，也是数学教育的必然。要培养学生的创新意识和实践能力，就需要让学生明了数学知识的建构过程比数学知识的结论本身更为重要。

（一）亲历式

近年来，一部又一部"脑洞大开"的穿越剧被搬上了电视荧屏，穿越的"招式"也是五花八门。在此，暂且不去评论各大穿越剧的影视效果和社会影响，只就其为何能吸引众多观众追捧先进行一番探讨。作为现代人，我们对于古代或者未知时空的认识和理解多借助于书本知识或想象，因此在头脑中会形成一种虚幻的不真实感。而穿越这种形式恰恰可以一定程度上消除这种不真实感，让人们有一种代入感，从而也随着剧中主角一起亲历古代或未知时空的人和事，以获得丰富的认知和体验，即穿越剧迎合了观众的审美心理，同时也激发了观众的兴趣与好奇心，使得观众的移情心理得到满足。

那么，是否可以将这种穿越的方式运用于数学教学呢？正所谓"教无定法"，让学生因学习的需要而进行思维和认识上的"穿越"也未尝不是一种新颖的教学手段。实际上，这种手段在教学中并不罕见，它通常被教育家称为"角色扮演"教学法。"角色扮演教学法是学习者在假设环境中按某一角色身份进行活动以达到学习目标的一种教学方法。根据教学要求设计一个逼真的工作情境，如工商企业、政府、社会组织某一部门的情境，学生扮演情境中相应的角色，按设定岗位的职能及人际关系，尝试处理各种事例。"[1]角色扮演是一种综合性、创造性的互动活动，人们通过进行角

---

[1]　顾明远. 教育大辞典 [M]. 上海：上海教育出版社，1998：394.

色扮演，可以分享经验与心得。在这里，我们不妨回忆一下，儿时的我们最钟情的游戏是否有"过家家""家家酒""警察抓小偷"等呢？这些游戏的本质都是在进行角色扮演。

很多时候，我们在实际的数学教学中都可以运用角色扮演的方法，让学生亲身参与到学习活动中来，以此在掌握知识结论的同时，增强对过程的体验，进而反哺对结论的理解和掌握。

角色扮演教学法的前提是情境设定。由于传统的课堂知识教学大多是抽象的，长此以往，学生会感觉枯燥，更甚者会产生厌学情绪。贴合教学内容的情境设置，有利于学生快速进入角色，从而主动探索知识。例如，在"四则运算"教学中，教师就可以通过预设情境，让学生进行角色扮演，以达到很好的课堂效果。具体教学过程如下。

师："同学们，刚才我们讲了四则运算的计算法则，下面大家跟我一起做个鸟妈妈喂小鸟的游戏好不好？"

生（学生听到要做游戏，兴高采烈）："好！"

师："鸟妈妈一共有 4 个孩子，一天早上鸟妈妈捉住了 10 只虫子，自己吃了 2 只，要把剩下的虫子平均分给自己的 4 个孩子。接下来，我们 5 人一组，分成小组来做游戏。大家有没有想做鸟妈妈的？我们每组选一个鸟妈妈。"

学生分组后，每个小组选出了一个鸟妈妈，教师将自己动手设计与制作的鸟妈妈和鸟宝宝头套，分别发给各小组的学生。由于各小组情况不同，下面选取最具代表性的一组进行回顾。

学生 1 扮演鸟妈妈，学生 2、3、4、5 扮演鸟宝宝。

生 1："今天抓了好多虫子，我要带回家给我的孩子们饱餐一顿。宝贝们吃饭啦，我今天抓了 10 只虫子，要给大家分一分。"

鸟妈妈开始分虫子，给学生 2、3、4 各分了 3 只，到学生 5 时只剩下 1 只虫子。

生 5："妈妈，你分给我的少，而且妈妈也没有早饭吃啊！"

随后，组内的学生经过讨论，决定重新分配。鸟妈妈先将自己的 2 只虫子留下，剩下的 8 只虫子给 4 个鸟宝宝分，每个鸟宝宝 2 只，正好平均分配。

师："同学们，你们知道怎么用我们学过的知识解决这个问题吗？"

生 1："老师，我知道，有 10 只虫子，鸟妈妈留下 2 只就是 10 减 2，得数是 8，这剩下的 8 只分给 4 个鸟宝宝，就是 8 除以 4，也就是每个鸟宝宝 2 只虫子。"

师："没错，那我们列出的式子是不是这样的？"［板书：$10 - 2 = 8$（只），$8 \div 4 = 2$（只）］

生 2："是！"

生 1："老师，因为鸟妈妈留下的虫子也是 2 只，所以我们也可以写成 $10 \div 5 = 2$（只）。"

师："说得对，这样的计算结果是一样的，但是只能适用于这种特殊的情况哦！"

通过这个过程，扮演鸟妈妈的同学了解了四则运算的形成过程，扮演鸟宝宝的同学也在监督的过程中对四则运算的规则进行了巩固。在教学过程中，课堂效果非常好，不仅学生主动地去思考和探索，而且在师生、生生的交流过程中实现了知识的内化。[1]

（二）操作式

中国有句俗语，叫"百闻不如一见"。它被记载于《汉书·赵充国传》，语出汉朝名将赵充国之口。时值汉宣帝当政，北部边境饱受羌患，防患是

---

[1] 林华智. 浅析角色扮演在小学数学教学中的应用——以一堂四则运算课为例 [J]. 名师在线，2018（23）：12 – 13.（注：引文有修改）

一件大事，需要一举成功才行，所以汉宣帝决定起用功勋卓绝的老将赵充国。

赵充国虽有能力也有经验，但当时他已是 70 多岁的古稀之年，于是汉宣帝问他谁可堪当大任。赵充国自信地回答："无逾于老臣者矣。"意思是，没有比我更合适的了！

汉宣帝听后非常高兴，又继而问他："将军度羌虏何如，当用几人？"

赵充国回道："百闻不如一见。兵难遥度，臣愿驰至金城，图上方略。"意思是，与其只靠道听途说来打探敌方虚实，倒不如亲自去看，因为远离前线是比较难估计的，还是让我去战场了解了解再制定策略。

经历了 2000 多年的发展，到今天，这句话已经有了下半句：百闻不如一见，百见不如一干。它的意思很简单：听人家说不如自己去看，看一百遍不如亲自动手做一次。这也就是说实践出真知，只有实践才是硬道理！

其实，这个道理在其他一些流行语言中也有体现，比如"好记性不如烂笔头"。另外，"读万卷书，行万里路""行是知之始，知是行之成"等都是讲的实践问题。关于此类问题的诗句那更是繁如星海，最著名的是陆游《冬夜读书示子聿》中的诗句："纸上得来终觉浅，绝知此事要躬行。"这是对"百见不如一干"的最好诠释。

这个道理落实在小学数学教学中，就要求教师设计多样的、操作式的体验性实践活动，让学生在操作实践中学到真知。

例如，教师在教学实践过程中发现，小学生受知识水平和认知特点的限制，对几何图形的认识通常采用的是"所看即所得"的方式。也就是说，他们往往"看到的是什么，就认为是什么"，缺乏深入思考和论证现象的意识。对此，教师结合经典数学魔术"消失的巧克力"，设计了一节基于实际操作的数学实验课——"消失的'1'"，力求引导学生通过自主实验理性分析实验结论，帮助学生从数学的角度去观察和分析几何图形，开阔学生的数学视野，培养学生的数学意识，切实落实核心素养培养要求。具体教学过程如下。

环节一，激趣引入

师：“同学们，今天我们来上一节特殊的数学课，你们听过'耳听为虚，眼见为实'这句话吗？你们知道它是什么意思吗？其实，它的意思是说，听来的不见得是真实的，亲眼看到才算是真实的。但是你们知道吗，在我们的数学世界中，有时候眼见也未必能为实。想知道为什么的话，请大家先看屏幕，老师给大家变个魔术。大家看看，屏幕上右侧出现了什么图形（见下图）？”

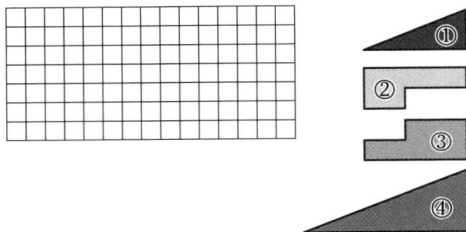

数学实验课——消失的“1”魔术展示

生1：“有三角形，也有不规则图形。”

师：“没错，现在4个图形组合成了什么图形？”

生2：“4个图形组成了一个大三角形（见下图）。”

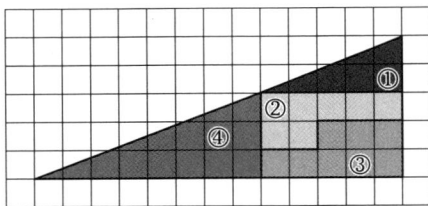

数学实验课——消失的“1”图形组合1

师：“那组成的这个大三角形的面积怎么求？”

生3：“三角形的面积求法是用三角形的底乘高除以2。”

师：“公式记得很清楚！那这个三角形的底和高是多少呢？你们会计算它的面积吗？”

生2："可以借助背景上的方格数出三角形的底是13，高是5，三角形的面积是32.5。"

师："奇迹就要发生了，不要眨眼，我将它们在大小不变的基础上，重新码放一下位置，就能让32.5中的一个'1'消失（见下图）。"

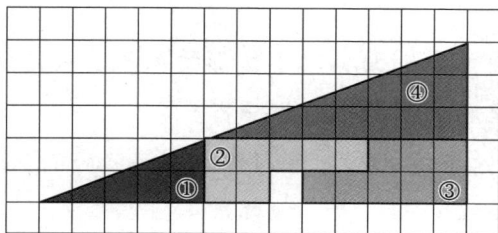

数学实验课——消失的"1"图形组合2

师："新拼成的图形如果把②和③中间空白的部分补上是什么图形？"

生4："看起来还是个三角形。"

师："那它的底和高各是多少呢？大家数数看。"

生2："跟刚才一样！"

师："如果它们的底一样，高也一样，说明它们的面积也一样。但是看画面我却发现少了一个'1'，你们知道其中的道理吗？"

学生们纷纷摇头。

师："这个魔术挺有意思的吧！那今天我们就专门来研究消失的'1'。"

环节二，自主探索

师："同学们，你们有想法吗？如果没有，先别着急，大家可以用自己的方法先探索一下，看看能否发现其中的奥秘。提示一下，我们可以用手中的直尺比一比，用量角器量一量。"

学生开始自主探索。

师："同学们，你们想好了吗？说一说你们的想法。"

生1："我用量角器测量其中的两个直角三角形较小角的角度，发现它们的角度不一样，这说明它们的角张开的大小不同，角的两边不是直线，所以整个大图形不是三角形。"

生2："我发现变化前后组成的图形不是三角形，因为斜边不是一条直线。"

师："变化前的图形面积比三角形的面积是大了还是小了？如果面积小了，少了哪里的面积？谁能指一指？"

生3："少了这条直尺与三角形斜边之间缝隙的面积（见下图）。"

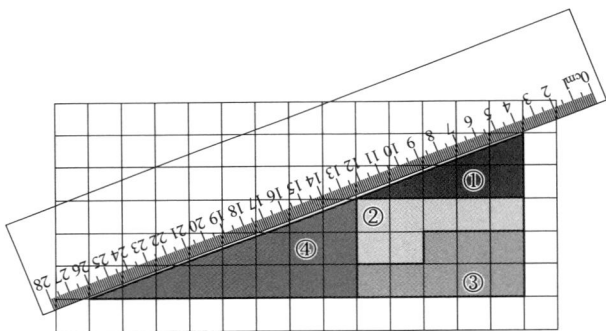

数学实验课——消失的"1"图形组合1缺少的面积

师："变化后的图形面积大了还是小了呢？如果面积大了，多了哪里的面积？谁能指一指？"

生4："多了这条直尺与三角形斜边之间缝隙的面积（见下图）。"

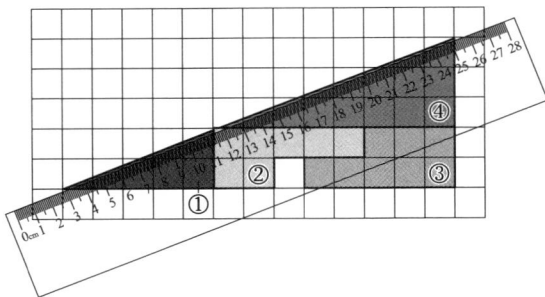

数学实验课——消失的"1"图形组合2增加的面积

师："这多了的一点点和少了的一点点，就能造出刚才消失的'1'吗？你们有什么猜想呢？"

生 2："我觉得这两条缝的面积加在一起应该正好是 1 格的面积。"

师："多的一点点和少的一点点合起来正好是'1'，还是近似于'1'呢？你们认为我们应该怎么计算？"

生 1："我们可以先算 4 个图形的面积，然后和这 4 个图形拼成的大三角形的面积比较，算出相差多少。"

师："你的思路很清晰，下面请大家动手试试吧。"

学生动手测量、计算并以小组为单位进行交流。

生 1："我们组发现变化前这 4 个图形的总面积是 32，把由这 4 个图形拼成的图形当成三角形，计算面积是 32.5，所以大三角形的面积比变化前多算了 0.5。"

生 2："我们组发现变化后的 4 个图形的总面积是 32，如果把变化后的图形看成三角形，面积实际上比 32.5 少了一个 1，所以变化后的面积实际是 32.5 − 1 = 31.5，把变化后的图形当成三角形总面积就会少算了 0.5。"

生 3："变化前多了 0.5，变化后不但不多，反而少了 0.5，所以两幅图的面积相差的就正好是'1'了。"

…………

就这样，学生通过亲身实践操作和严密计算，将看似神奇的现象进行了数量化分析，真切地感受到了数学作为工具性学科而存在的价值，并在深刻体会数学的应用性的同时，也对其严谨性和科学性有了更进一步的理解，这对于学生的终身发展意义非凡。

02

实践篇

以计算促历史的进步与发展：年、月、日

一、课程内容

人教版小学数学三年级下册第 6 单元 70 ～ 74 页。

二、基于数学史的教学设计思路

"年、月、日"单元在小学数学中是非常重要的关于各时间单位及其关系的认识课。相对于质量、长度、面积和体积等单位间的换算关系而言，时间单位比较特殊。它不是以 10 或 10 的次方数为进率的，相邻单位间的进率也不尽相同，这些都给学生认识和记忆时间单位带来障碍与困扰。

为了设计好这一教学内容，我们团队的教师查阅了大量的教学设计及课堂实录资料，发现大家讲授"日与月的关系""月与年的关系"和"日与年的关系"的方法基本是相同的，都是引导学生利用现实中有关的材料，通过实践自己总结和发现，这种做法我非常赞同。而对于"四年一闰，百年不闰，四百年又闰"的规律，大多数教师是利用拓展资料或课件播放的

形式"告诉"给学生的，这种做法我不太赞同。简单的规律学生可以探索，相对复杂的规律学生就只能被动接受吗？我想，肯定不是的。那么，研究历程至少有 400 年的闰年的历法规则，如何让学生真正探索和获取呢？对此，我们可以参考历法规则本身的研究与发展历程。人类对历法的制定过程不正是利用数学计算不断完善和修正的过程吗？

历法通俗了说就是人类记载和计算时间的工具。既然是一种工具，当然是越简单方便越好，然而大自然却不是完全按照数学规律在运转的。按照简单方便的原则，最好的历法应该是十进制的，像数学中一样，这样既方便又实用，还不容易出错，也省得考虑闰年和闰月的情况，但是有两个问题。

第一，从人类文明发展的角度来看，人类在还没有完全了解大自然的运行规律时，就已经发明了时间的计量方式，如西方的秒、时、分等，但是这些人为规定的时间单位和大自然的运行规律是不一致的，这就造成了一天 24 小时，一个月 30 天左右，全年 365 天，四年一闰等，如果考虑到文明的差异性和宗教的差异性，就更复杂了，比如中国的刻、时、年（岁）和天干地支，还有不同宗教的各种历法。现在通用的历法是公历，也就是格列高利历，也算是一种宗教历法。

第二，从大自然的运行规律角度来说，地球公转模型也不是尽善尽美的数学模型，也有时间上的差异，这就造成了闰年和闰月的出现。长期来看，地球的自转速度会越来越慢，公转也会相应地受到影响。如果考虑到太阳的质量变化，地球的自转和公转情况将更复杂。鉴于人类无法解决这个问题，所以改进历法的唯一方式就是改变时间计量单位。但是考虑到人类历史上的传统和社会发展的惯性，改变历法或者更准确地说改变时间的计量单位将是十分困难的。

由此可见，无论是古埃及的太阳历，还是西方的公历，它们的制定都离不开数据和计算，那么这节课是否可以让学生真正从数据的角度分析和探究呢？我想答案是肯定的，而且效果也一定是可以期待的。

三、教材分析

　　"年、月、日"是人教版小学数学教材三年级下册中的内容，属于数与代数领域的知识。这部分内容是学生对时间单位学习的继续和延伸。教材首先给学生呈现了一幅主题图，展示了一些十分有意义的日子，利用这些素材使学生感受到数学与生活的联系。接着教材通过例子给学生呈现了一张年历，有意识地让学生了解年、月、日之间的关系。另外教材还特别安排了"拳头记忆法"，帮助学生记忆每月的天数。教材例2引导学生观察月历卡，学生可发现一些月份的天数是不同的，这样引出平年和闰年的知识。

四、学情分析

（一）基于经验

　　年、月、日这几个时间单位对于学生来讲是比较抽象的，理解这些较大时间单位是有一定困难的。由于学生的年龄特点，他们只能理解和掌握那些与他们的实际生活最贴近的时间单位，如时、分等。随着年龄的增长，学生才能逐步理解离他们生活较远的较大的时间单位，如年、月等。学生在三年级上册的教材中已经学习了"时、分、秒"，并在实际生活中积累了年、月、日方面的感性经验，有关年、月、日方面的知识，也越来越多地出现在他们的生活和学习内容中，有了形成较长时间观念的基础。但是，学生对现行历法中关于年、月、日的规定还不够了解，对平年、闰年的有关知识也比较陌生。因此，本节课的教学要在学生生活经验的基础上，借助年历卡，以及多媒体课件、网络视频等现代信息技术教学手段，组织学生开展探究活动，化抽象为具体，使学生在丰富的实践活动中系统地掌握有关年、月、日的知识。

（二）基于调研

1. 前测试题

（1）一年有几个月？

A. 10   B. 11   C. 12   D. 13

（2）有30天的月份是哪几个月？请在下面的月份名称上打钩。（多选）

1月   2月   3月   4月   5月   6月   7月   8月   9月   10月
11月   12月

（3）有31天的月份是哪几个月？请在下面的月份名称上打钩。（多选）

1月   2月   3月   4月   5月   6月   7月   8月   9月   10月
11月   12月

（4）平年全年有多少天？

A. 360   B. 365   C. 366   D. 367

（5）闰年全年有多少天？

A. 360   B. 365   C. 366   D. 367

（6）2100年是平年还是闰年？

A. 平年   B. 闰年   C. 不知道

2. 前测数据

参测人员：府学胡同小学三年级（2）班学生，共41人。统计结果见下表。

府学胡同小学三年级（2）班前测数据统计

题号	正确人数	正确人数占比 /%	备　　注
（1）	41	100	
（2）	22	约53.7	找到全部月份才算正确
（3）	28	约68.3	找到全部月份才算正确

续表

题号	正确人数	正确人数占比 /%	备　　注
（4）	40	约 97.6	
（5）	39	约 95.1	
（6）	0	0	选择 A，0 人，占 0%；选择 B，35 人，约占 85.4%；选择 C，6 人，约占 14.6%

3. 前测数据分析

通过前测试题（1）、（4）、（5）题较高的正确率可以看出，大多数学生对于年、月、日之间的关系有一定的了解，而（2）、（3）题过半的正确率也可以进一步印证这个判断。学生对于年、月、日的相关知识不是白纸一张，对于平年、闰年、大月、小月的时间立法知识有一定的了解和认识。但通过（6）题也可以看出，学生对于平年和闰年的判断方法掌握不够，虽知道"四年一闰"的数学概念，但对于更深入的"百年不闰，四百年又闰"的判断方法都不知道，这也说明学生对知识的掌握仅限于表面层次上的了解，而对时间立法的原理和本质没有更多的感受与认识，这也为本节课的教学目标和重难点的设定指明了方向。

基于以上分析，我认为课堂上教师在教学过程中要有意识地为学生提供充足的学习素材，通过自主、合作、探究，体验知识的形成过程，培养学生主动探究的能力。

五、教学目标

（1）认识时间单位年、月、日，了解它们之间的关系，初步学会判断某一年是平年还是闰年，知道每个月、平年、闰年各有多少天。

（2）通过自主探索、合作交流等活动，培养观察、分析、概括能力，增强合作意识，培养科技意识和严谨的治学态度。

（3）感受数学与生活的联系，培养学习数学的兴趣。

六、教学重点

（1）进一步建立时间单位观念，知道一年中各月的天数。

（2）会判断平年、闰年。

七、教学难点

平年、闰年的判断。

八、教学过程

（一）创设情境，聚焦问题

师："有人这样总结道：'春日柳絮飘飘，夏季阳光普照，秋天落叶随风摇，冬日寒风呼啸；寒来暑往四季，不差半点丝毫。'就是在这样的四季更替中我们幸福地生活着。你们知道现在我们身处哪个季节吗？"

生1："冬天。"

师："你们知道今年的冬天具体是哪一时刻开始的吗？"

生2："不知道。"

教师出示 2019 年立冬准确的时间：2019 年 11 月 8 日 01 时 24 分 15 秒。

师："在这个时间中有没有以前我们学过的时间单位？"

生3："时、分、秒。"

师："除了时、分、秒，还有其他的时间单位吗？"

生2："年、月、日。"

师："年、月、日也是时间单位，而且是比时、分、秒更大的时间单位。今天这节课我们就一起来学习。"

【设计意图：数学情境有现实生活的情境，也有纯数学的情境。生活世界的数学情境，把生活世界引向符号世界，引导学生理解数学符号的现实意义。纯数学的情境是由数学本身的产物构成的。不论是怎样的情境，都应尽量与学生的生活现实、数学现实、其他学科现实相联系，应有利于加深学生对所要学习内容的理解。本节课用四季作引导，和学生的生活相联系。由于学生对四季变化有很深入的了解，因此这样的引导更能激发学生的学习兴趣，使学生感受到数学源于生活，从而体会到数学的价值。】

（二）自主探究，总结规律

1. 研究年和月的关系

师："在正式研究之前我想问问大家，你们对年、月、日都有哪些了解？"

生1："一年有 12 个月（年和月的换算关系）。"

生2："平年 365 天、闰年 366 天（年的类别——平年和闰年）。"

生3："每个月可能有 31、30、29、28 天（每个月的天数）。"

师："看来同学们对年、月、日已经有了一些了解，但大家说得都对吗？"

生4："我们可以验证一下。"

师："确实，我们可以运用手中的资料验证一下。在上课前老师给每位同学发了一份年历，我们先来看看年和月之间的关系，刚才有同学说一年有 12 个月，你们看看是这样的吗？"

学生观察手中年历验证前期说法。

师："我来做一个采访，你拿的是哪年的年历？你发现一年有多少个月？有 13 个月的吗？有 15 个月的吗？"

生5："无论哪一年，一年都有 12 个月。"

【设计意图：学生对年、月、日方面的知识并不陌生，像一年有 365 天、一年有 12 个月……但是这些知识的来源只是听说，学生并没有亲自验证过。教师要做的是以学生为课堂的主体，把话语权交给学生，让学生先自由地说对于年、月、日自己都有什么了解，然后通过观察自己手中的年历加以验证。学生自己进行验证后得出的结论更加具有说服力。】

2. 研究月和日的关系

师："研究完年和月之间的关系，我们再来看看月和日之间有什么关系。请大家说说每个月可能有多少天。"

生1："31、30、29、28 天。"

师："那究竟是不是像刚才这位同学说的那样呢？请大家结合自己手中年历的实际情况，看看每个月可能有多少天。把你们观察的结果记录在你们的学习单上。"

生2："31 天的月有 1、3、5、7、8、10、12 月，30 天的月有 4、6、9、11 月，28 天的月有 2 月。"

师："汇报得特别有条理，其他同学都跟他的观察结果一样吗？有不一样的吗？哪儿不一样？"

生3："还有 29 天的。"

师："那是只有这 4 种可能吗？有没有哪个月是 32 天？27 天？20 天？"

没有学生提出异议。

师："看来每个月的天数只有这 4 种可能。你们能按天数给它们分分类吗？你们想分为几类？你们是根据什么分类的？"

生1："分成 2 类，31 和 30 天一类，29 和 28 天一类。"

生2："分成 4 类，31 天、30 天、29 天和 28 天各一类。"

生3："分成3类，31天一类、30天一类、29和28天一类。"

师："大家的思路都很清晰。让我们再来观察观察，看看在这些不同的天数里面，有没有什么相同的。28、29天都属于哪个月？"

生4："28、29天都属于2月。"

师："所以28、29天可以分成一类。大家现在知道一年中的月份可以分成几类了吗？"

生5："分成3类，31天一类、30天一类、29和28天一类。"

师："现在我们分好类了。像2月这种特别特殊的月我们叫它特殊月。每月有31天的月，我们称为大月。每月有30天的月，我们称为小月。说到这儿，请大家说说你们有什么好办法能快速判断哪些月是大月，哪些月是小月。"

请学生介绍自己的方法。

师："同学们知识面真广，一下把方法都说出来了。我们再来一起回顾一下，就像同学们说的，我们可以用小拳头来判断，凸起的关节就是大月，两个关节中间凹下的部分就是小月。伸出你的右手，握成拳，我们来试试，也就是1月大，2月小，3月……有心的同学一定会发现，刚才在判断的时候，2月我们叫它小月，但是它是小月吗？其实它是特殊月。我们再来一起判断一下，1月大……除了这种方法，我们还可以用口诀来记忆。

"一三五七八十腊，三十一天永不差，四六九冬三十日，唯有二月二十八。

"在口诀里面，你们知道'腊'表示什么意思吗？'冬'又表示什么意思呢？"

生1："'腊'表示12月，'冬'表示11月。"

师："同学们真是太棒了！以后我们判断大月、小月、特殊月时就用这个口诀行吗？没问题吧？"

生2："不行。2 月有时候有 28 天，还有时候有 29 天。"

师："看来这个口诀还不太完善，确实 2 月的天数总在变化，有时候 28 天，有时候 29 天。你们知道像 2 月有 28 天这样的年叫什么年吗？"

生3："28 天的叫平年。"

师："2 月有 29 天这样的年呢？"

生4："29 天的叫闰年。"

师："那平年、闰年到底有多少天？口说无凭，我们是不是得算算？请大家对照着自己的年历，在学习单背面列式算算，看看平年、闰年到底有多少天。"

生1："平年：$31 + 28 + 31 + \cdots = 365$（天）；闰年：$365 + 1 = 366$（天）。"

生2："$31 \times 7 + 30 \times 4 + 28 = 365$（天），平年 365 天；闰年 $365 + 1 = 366$（天）。"

师："这位同学（生2）的方法真不错，说说你是怎么想的。"

生2："31 天的有 7 个，30 天的有 4 个，还有一个 28 天，所以确定平年有 365 天，闰年有 366 天。"

3. 研究 2 月的变化规律

师："刚才我们研究了平年、闰年，发现 2 月的天数有时候 28 天，有时候 29 天。说到这儿，大家有什么特别想知道的问题吗？"

生1："什么时候有 28 天，什么时候有 29 天？"

师："那接下来我们就来一起研究 2 月的天数。为了方便研究，我在这里给大家准备了一份 2005—2016 年 2 月的天数统计单（见下图）。我们来进行一个互动，一会儿我说几几年的 2 月，请你们大声告诉我这一年 2 月有多少天。"

2005年2月	28	2009年2月	28	2013年2月	28
2006年2月	28	2010年2月	28	2014年2月	28
2007年2月	28	2011年2月	28	2015年2月	28
2008年2月	29	2012年2月	29	2016年2月	29

2005—2016年2月天数

师："你们知道 2013 年的 2 月有多少天吗？你们是怎么知道的？你们发现了什么规律？"

生 1："每个四年里 2 月的天数都是 28、28、28、29，28、28、28、29……"

生 2："每隔三年 2 月就会出现一次 29 天，也就是每四年 2 月就会出现一次 29 天。"

师："请大家来预测一下 2017 年 2 月有多少天，为什么？"

生 3："28 天，因为每四年 2 月会出现一次 29 天。"

师："那 2018 年呢？2019 年呢？2020 年呢？刚才我听有位同学说每四年就会出现一次 2 月 29 天，同学们，这里面又有怎样的道理呢？

"在科学课上，老师告诉我们地球绕太阳公转一周大约是 365.25 天，这也就是一年的时间。但是人们习惯上把一年看成 365 天，也就是 1 年我们就少算了约 6 小时。2 年呢，少算了多少？3 年呢？4 年呢？你们发现什么了？"

生 4："4 年大约少算了 24 小时，将近 1 天。"

师："我们要把这一天增加到第四年的 2 月，所以第四年就变成了 366 天，这就是我们所说的'四年一闰'的道理。现在你们会判断平年、闰年了吗？说说应该怎么判断？"

生 5："看年份是不是 4 的整数倍。"

师："看来同学们已经掌握了 2 月天数的变化规律，那我给你们一个具体的年份，你们算一算，判断一下具体天数。1997 年、2008 年、2200 年。"

生 1："1997 除以 4 商 499 余 1，所以是平年。"

生 2："2008 除以 4 商 502，没有余数，所以是闰年。"

生 3："2200 除以 4 等于 550，所以是闰年。"

师："大家快看看万年历中，2200 年到底是什么年。"

生 4："平年，2 月 28 天。"

师："2200 除以 4 没有余数，没有余数为什么是平年？让我们回顾一下刚才的推算过程。我们刚才把地球绕太阳公转一周是 365.25 天看成 365 天，这样计算 10 年、100 年、200 年、300 年，甚至更长的时间就会产生偏差。为了让时间更准确，历法规定我们要从 400 年当中的 100 年、200 年、300 年中各减去一天，所以在'四年一闰'的基础上规定了'百年不闰，四百年又闰'。通过刚才的学习，大家对 2 月这个特殊月一定有了更深一步的认识。现在大家能把这个口诀给完善一下吗？"

生 5："'唯有二月二十八'应该改成'平年二月二十八，闰年二月二十九'，还可以再加上'四年一闰，百年不闰，四百年又闰'。"

【设计意图："年、月、日"的历法不易记忆的原因主要是学生对其内涵不理解。机械式的"死记硬背"很显然不符合学生的认知规律。在教学中，教师引导学生用数学计算的方法体会"年、月、日"历法的制定过程，感受历史发展过程中数学的意义和价值。与此同时，教师运用信息技术手段，能够更好地突破教学难点，并兼顾学生的已有知识，梳理出知识的体系，清晰、有条理地一步一步让学生明白"四年一闰，

百年不闰，四百年又闰”的道理，并且利用万年历验证平年、闰年更加具有说服力，也培养了学生严谨思考的能力。】

（三）分层练习，巩固提高

1. 基础练习

判断对错：

（1）每年都是 365 天。（　　　）

（2）一年中有 7 个大月，5 个小月。（　　　）

（3）4 月有 4 个星期零 2 天。（　　　）

（4）4、6、8 月都是 30 天。（　　　）

2. 提高练习

猜一猜：

（1）小明是 2006 年上半年最后一个大月的 15 日出生的，你知道小明是哪年哪月哪日出生的吗？

（2）军军比小明大 5 天，你知道军军是哪年哪月哪日出生的吗？

【设计意图：本节课的练习题设置由浅入深、由易到难，从判断年、月、日三者之间关系的基础题目，慢慢地过渡到需要认真审题、严谨思考、灵活运用所学知识才能解决的较难题目。就像《课标》中要求的那样，本节课照顾了不同学生学习的感受，使不同的学生在数学学习中有了不同的收获。】

（四）全课总结，升华认识

师："这节课同学们有什么深刻的感受？对哪一个环节最感兴趣？我们在对时间单位研究的过程中学会了很多知识。其实时间对每个人都是公平的，'一寸光阴一寸金，寸金难买寸光阴'，时间在我们身边慢慢地流逝，在时间的流逝中，我们收获了成长，感悟了生命中的美。请大家在课余多多感受府学胡同小学拥有的靓丽之色吧。"

【设计意图：对于"年"这样如此长的时间单位，学生体会起来有一定的困难。在课程的结尾，教师播放了自己制作的府学胡同小学四季的短片，一年四季不断往复，让学生感受到时间带给我们的美，美其实就在我们的身边，教学也升华到道德教育中的"珍惜我们学习和生活中的每一分、每一秒"。在这样的体验中，学生结束了本节课的学习，且意犹未尽。】

九、教学反思

学生对年、月、日这些时间单位的认识并不是孤立的，而是在前期认识了时、分、秒这些较小时间单位的基础上进行的，所以相关内容的学习经验和认识可以为学生新的学习提供参考与帮助。因此本节课力求通过学生的自主探索，使学生形成对年、月、日这些较大时间单位的认识，并以翔实的数据说明为手段，强化学生对数学理性价值的理解和认识，落实对"人文底蕴""科学精神""学会学习"三方面核心素养的培养工作，引导学生增强民族认同感，体会数学学科魅力。

在精心设计和实际开展"年、月、日"教学过程中，我有以下几方面的思考和尝试。

第一，基于现实，聚焦研究目标。本节课一开始，教师从学生生活中的真实感受入手，采用即时性信息，通过对中国农历节气立冬的解读，使学生聚焦所研究的问题。

在教学过程中可以发现，学生对于立冬节气的认识更多是基于科学的角度，而用具体精确到秒的时刻进行刻画的经验还比较欠缺。这种用节气引入教学内容的设计，其目的是唤醒学生关于时、分、秒的已有知识经验和活动经验，并引导学生结合已有的这些经验进行新的探索，为本节课的研究奠定基础。

第二，自主发现，分层梳理关系。有了之前学习时、分、秒的经验，学生很容易将时间单位的学习聚焦到对单位之间关系的认识上来，即年与月的关系、年与日的关系和月与日的关系。而这些关系的发现又是学生增长认识和提升能力的良好契机。因此在这一过程中，我为学生提供了多年的年历，力求通过学生自主的探究与发现获取理论性的知识和过程性的体验。

首先，在年、月、日这三个时间单位中，年与月的关系是最简单和最容易被发现的。因而，课上当提到这一问题时，学生很容易通过手中的年历取得个体化认识，即"一年有 12 个月"的结论。进而我再通过"所有年都是 12 个月吗？"这一问题，引导学生结合不同年份的年历取得群体性认识。这一过程顺理成章，水到渠成。

其次，月与日和年与日的关系虽然相对于年与月的关系稍具复杂性，即一年中既有 31 天的大月，也有 30 天的小月，更有 28 天或 29 天的 2 月，全年中有 365 天的年，也有 366 天的年，但这些都是学生日常已有的生活经验，学生可以通过身体语言和口诀进行大月、小月的判断。这一点在学习前测和以往的教学中都是得到过验证的。

当通过对年历的观察获取了大月、小月的个数并完成分类，又通过计算得到了全年天数后，学生自然会将关注点转移到引起全年天数变化的关键点，即 2 月的天数上来，并试图进行更深入的研究。教师应像这样，以学生的探索活动为主要载体，在学生探索的过程中引导学生经历科学认知的过程，充分尊重事实和数据证据，培养学生"理性思维"的核心素养。同时，面对更加复杂的问题和规律，教师要充分激发学生的好奇心和想象力，鼓励学生大胆尝试和不懈探索，培养学生"勇于探究"的核心素养。

第三，分析数据，理解本质内涵。在探究"2月天数规律"问题过程中，"四年一闰"的规律比较容易发现，"百年不闰，四百年又闰"的规律则比较难总结。相对于传统教学中以资料片或拓展知识介绍的方式告诉学生这些规律，我更倾向于让学生自己去发现。

因此，我首先引导学生观察连续年份的年历，让学生自己发现"四年一闰"的规律，并通过多种数据验证猜想，使学生对这一规律形成共性认识；再通过有代表性的年份让学生发现与规律的矛盾处，于"峰回路转"处激发学生进一步研究的欲望；最后，通过一年时长的严谨数据进行推理和论证，引导学生从数学的角度，以具体数据为论据，深入理解历法规律的本质，进一步体会数学的内在价值。

教师可以像这样，引导学生聚焦"2月天数规律"这一数学问题，激发学生的问题意识，引导学生独立思考、独立判断，并经过缜密的逻辑分析和论证过程，以充分且严密的数据作为依据分析问题、获取结论，进一步培养学生"理性思维""批判质疑""勇于探究"的核心素养，形成"科学精神"高阶素养。

第四，巩固练习，分层检验收获。课堂练习是检验学生学习情况的试金石，也是进一步将实践与理论相结合的有效环节。对此我设置了不同层次的练习，引导学生的思维和认识不断深化。

首先是基础层次的练习，重在检验学生对大月、小月的数量及对应天数等基础知识的掌握情况。

其次是提高层次的练习，重在检验学生在复杂条件下对年、月、日知识的应用水平和对时间的概念感知能力。

当学生兴致勃勃地利用所学知识解决各层次的实际问题时，教师应以学生的问题为载体，有意识地培养学生"问题解决"的核心素养。

第五，升华认识，感受时间之美。本节课的最后，教师设计了欣赏环节，让学生对时间的认识从静态提升到动态理解的层次，以生活中的真实环境为背景，聚焦学生"审美情趣"核心素养的要求，积累学生"人文底蕴"的素材和经验。

还原图形测量的价值与本质：平行四边形的面积

一、课程内容

人教版小学数学五年级上册第 6 单元 85 ～ 86 页。

二、基于数学史的教学设计思路

对于图形测量教学，有经验的教师通常比较强调最终数学模型的建立，而随着课程改革的不断深化和推进，越来越多的教师开始进一步关注数学模型建立的过程。以本节课的教学任务为例，平行四边形的面积公式究竟是怎样得来的呢？这个问题无论是通过教学经验，还是通过教学前测，我们都会发现在经历课堂学习之前，大多数学生已经知道了平行四边形面积的计算方法是底乘高，甚至已经有学生掌握了平行四边形面积公式的推导方法，那么我们在课堂上还需要教给学生什么呢？教学时这个知识点还有必要讲吗？

我认为最后一个问题的答案是肯定的。最主要的原因是公式推导的方法并不是学生自己想到的，而是自学或课外间接获取的。因此，教师应该思考的教学重点是怎样才能让学生自己想到转化的方法，怎样才能帮助学生真正明确为什么需要用转化的方法。对于这些问题，我们不妨回顾一下数学史中面积公式的发展历程。

面积公式是数学公式，其中包括扇形面积公式、圆形面积公式、弓形面积公式、菱形面积公式、三角形面积公式、梯形面积公式等多种图形的面积公式。面积公式的历史由来是什么呢？

"面积"的概念很早就形成了。在古埃及，尼罗河常年泛滥，洪水给两岸带来了肥沃的淤泥，但也抹掉了田地之间原本的界线标志。洪水退后，人们要重新划定田地的界线，就必须丈量和计算田地的大小，因而逐步有了"面积"的概念。

在数学上是这样来研究面积问题的：首先规定边长为 1 的正方形的面积为 1，并将其作为不证自明的公理；然后用这样的所谓单位正方形来度量其他平面几何图形。较为简单的正方形和长方形的面积是很容易得到的，利用割补法可以把平行四边形的面积问题转化为长方形的面积问题，进而又可以得到三角形的面积，因而多边形的面积就能够转化为若干三角形的面积之和。大家一定很熟悉圆的面积公式，即 πr^2，其中 r 是圆的半径。但得到这个公式却不是很容易的，实际上圆的面积的严格定义要用到极限的概念。

由此可见，单位面积"1"的建立是面积度量发展的基础。那么如何让学生自己体会单位面积"1"的叠加过程呢？对此，我想到了数学史中的"数方格"这一最朴素、最基础，且最能体现单位面积累积的直观方法，力求引导学生通过数平行四边形中的方格体会"不满格"的现实困难，进而感悟"将不满格变为满格再度量"的转化本质，并利用直观方格和抽象公式间的对应联系，发展学生的空间观念。

三、教材分析

（一）教材的地位和作用

"平行四边形的面积"是人教版小学数学教材五年级上册第 6 单元的教学内容，属于图形与几何领域中图形测量的内容。平行四边形是学生在本单元学习中所接触到的第一个应用转化思想推导面积公式的平面图形，图形"转化"的背后隐匿着丰富的内容和深刻的数学思想，蕴含着巨大教育价值。

第一，平行四边形面积是知识体系的思维起点。平行四边形面积的计算方法是在学生掌握了平行四边形的特征，以及长方形、正方形面积计算的基础上教学的，它是进一步学习三角形、梯形、圆的面积计算方法的基础。第 6 单元包括平行四边形的面积、三角形的面积、梯形的面积、组合图形的面积四个小节。平行四边形的面积的教学是在学习了几何初步知识，长方形、正方形的面积计算方法，以及平行四边形、三角形和梯形的认识的基础上进行的。长方形面积公式是平行四边形面积公式的基础，而平行四边形面积公式又是后面学习三角形和梯形面积公式的依据。因此这节课的内容在整个平面图形测量体系中起到开启全新思维模式的作用。

第二，平行四边形面积是数学思想的渗透点。在平行四边形面积的教学中蕴含着丰富的数学思想，如转化思想、对应思想等，而对于学生来说其中最为重要的就是转化思想。这是学生第一次真切感悟和经历平面图形的转化过程，是学习后续平面图形面积计算方法时应用转化思想进行公式推导的关键点。

第三，平行四边形面积是培养学习方法的促进点。在平行四边形面积的学习过程中，学生需要经历运用转化的方法将未知图形转化为已知图形的过程。在此过程中教师要引导学生应用网格图进行单位面积"1"个数的度量，这是学生已有的知识经验和活动经验。本节课中，教师更应该引导学生思考

"没有网格如何计算图形的面积",以此开阔学生解决问题的视野和思路,让学生在原有知识经验和活动经验的基础上,掌握更多学习方法。

综上,平行四边形面积无论在知识上、数学思想上还是学习方法上对学生来说都是非常关键的,蕴含着丰富的育人价值。

（二）不同版本教材对比

通过对不同版本小学数学教材平面图形部分的对比我们不难发现,虽然各教材版本不同,但是从单元编排上来看,各教材均以图形的内在联系为线索,以从未知向已知转化为基本方法（见下图）。

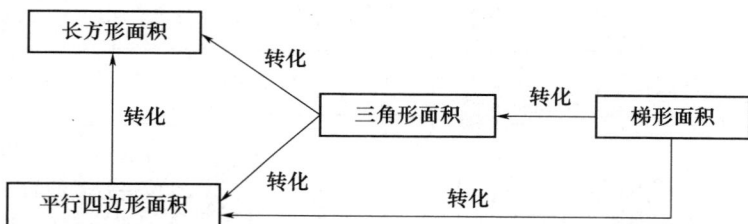

教材采用从未知向已知转化的基本方法

从教学内容来看,平行四边形面积公式的建模过程均采用学生自己动手实验的方式,让学生通过网格图体会不满格度量的弊端,进而引导学生先将新的未知图形转化为已经学过的图形,再通过合作学习的方式,探索转化后的图形与原来图形的联系,进而发现新图形的面积公式。

四、学情分析

（一）基于经验

1. 学生已有知识基础

学生已经掌握了平行四边形的特征和长方形面积的计算方法。这些都为本节课的学习奠定了坚实的知识基础。

2. 学生已有生活经验和学习该内容的经验

学生在学习新知识过程中，在很大程度上会受到自身的生活经验的影响。10 ~ 11 岁的学生大都玩过拼图、折纸、剪纸等，并在以往的学习中积累了将一个图形转化成另一个图形的经验，学习长方形、正方形的面积计算方法时也已经充分地体验过利用单位面积"1"进行测量的研究过程。

（二）前测试题及数据分析

受测对象为府学胡同小学五年级（1）班学生，共 37 人。统计结果见下表。

府学胡同小学五年级（1）班前测数据统计

题目	情况分类	人数占比/%	初步分析
1. 你认为平行四边形的面积公式可以怎样推导? 你有什么困难? 可以把你的想法画一画、写一写	能够用割补法正确推导公式	约 5.4	没有学生选择用面积单位进行度量的方法。一部分学生知道四边形具有不稳定性，于是将平行四边形拉伸成长方形（或正方形）。一部分学生能想到和长方形（或正方形）建立联系，但不知如何处理
	邻边相乘	约 21.6	
	想到转化成长方形或正方形	约 24.3	
	毫无办法	约 48.6	
2. 你能求出下面这个平行四边形的面积吗	正确	约 5.4	在给定相关数据时，有更多的学生选择了邻边相乘的计算方法
	错误：邻边相乘	约 56.8	

注：题目 1 的基本数据四舍五入，且保留一位小数后总和为 99.9%。

在这些学生中，只有 2 人知道平行四边形面积的计算方法；8 人认为平行四边形的面积是用邻边相乘得到的；9 人能想到用转化成长方形的方式推导平行四边形面积公式。

（三）我的思考

1. 学生学习该内容可能会遇到哪些困难

第一，学生的空间想象力不够丰富。虽然大部分学生能够较顺利地将平行四边形转化为面积相等的长方形，但是对于转化前后两个图形之间的联系与区别在认识上并不十分清晰。所以还需要教师在教学中对公式的推导过程进行进一步讲解，以加深学生的理解。

第二，通过教学前测发现，大部分学生极易受到平行四边形不稳定性或者长方形面积计算方法的影响，将平行四边形想象成推拉后的长方形，并认为推拉前后图形面积不变，给对平行四边形面积的认识造成不利影响。

2. 教学中应该教给学生什么

讲授平行四边形面积时一方面要让学生建立起平行四边形面积和已学过的长方形面积之间的联系，另一方面又要对学生原有认知中的平行四边形面积就是邻边相乘的错误认识加以辨析。所以我想通过教学活动让学生在验证猜想的过程中意识到自己的错误认知，从而建立起平行四边形面积和长方形面积之间的正确联系，形成对平行四边形面积计算方法的正确认识。

总之，如何将先进的教学理念转化为可操作的教学行为呢？本节课的设计我想着力强调四个关键词：研究、发现、思想、思维。

五、教学目标

（1）掌握平行四边形面积的计算方法，会计算平行四边形的面积；培养观察、操作、想象、推理、表达能力及解决实际问题的能力。

（2）通过观察、猜想、比较、验证，探究平行四边形面积公式的推导过程，渗透转化的思想，发展空间观念。

（3）在学习过程中体会到运用旧知识解决新问题的乐趣，体会到数学知识间的紧密联系。

六、教学重点

平行四边形面积的计算方法。

七、教学难点

平行四边形面积公式的推导过程。

八、教学过程

（一）课前谈话，蕴伏方法

师（播放变形金刚变形视频）："通过观察变形金刚变形的过程，你们发现什么变了，什么没变吗？"

生1："人物没变，样子变了。"

生2："形状变了，体积没变。"

师："在数学中也有像刚才展示的变形金刚那样，从一种形式变化成另一种形式的情况。让我们一起看看通过今天的学习，你们能否有所感受。"

【设计意图：现实生活是数学的源泉，是科学世界的根基。教学只有首先关注人的现实生活，才能使人真正体验和理解生命的意义与价值。

现实生活应该是数学的基础和前提，教学应与现实生活联系。上课前的预热，将数学与实际生活结合起来，使学生初步认识了转化的方法，在提高学生学习兴趣的同时，为在整节课中贯串转化思想做好了铺垫。】

（二）创设情境，引出问题

师："吴老师买了一辆新车，怎么能知道这辆车的占地面积呢？"

生1："测量车的长和宽计算面积。"

师："长方形面积怎么求？"

生2："长方形的面积是长乘宽。"

师："请大家跟我回忆一下，我们是怎样得到长方形面积的计算方法的。"

生3："数方格。长方形中包含的单位面积的方格个数就是长方形的面积。"

师："请大家看下面这张小区的停车位图片，谁知道停车位是什么形状的？"

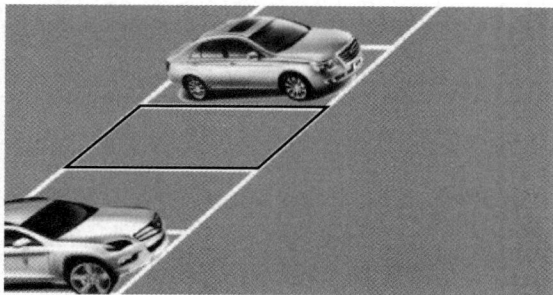

小区的停车位图片

生4："平行四边形。"

师："请大家猜猜平行四边形的面积怎么求。"

生1："底乘高。"

生2："相邻两边相乘。"

师（引题）："今天我们就一起研究平行四边形的面积。"

【设计意图：让学生在解决问题的过程中学习知识，感受到学习的必要性；在唤起学生原有知识基础的同时将直观与抽象结合，培养学生的空间观念；激发学生的学习兴趣和探究欲望。】

（三）实践操作，自主探究

1.初次探究，验证猜想

师："平行四边形的面积究竟应该如何计算呢？请同学们用手中1号信封里的学具小组合作研究一下，并在学习单上记录好研究的过程（学生手中的平行四边形大小相同，且底和高均为整数，单位为厘米）。"

学生利用学具自主研究后集体交流。

学生1以行为单位，将平行四边形画到方格纸上，用数方格的方式得出平行四边形的面积。

学生2将平行四边形画到方格纸上，将其中不满格的部分统一右移，转化为长方形，再计算长方形面积。

学生3通过剪拼的方法计算平行四边形面积（见下图）。

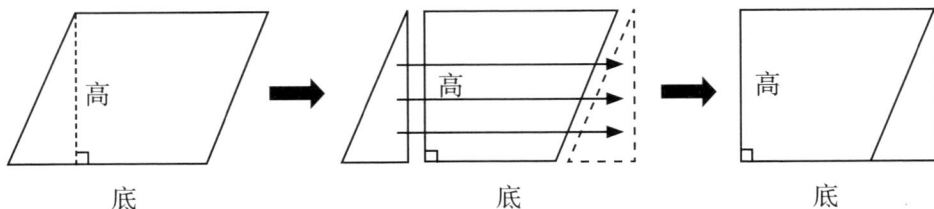

学生剪拼平行四边形示意图

师："你（生3）为什么要沿高剪开？"

生3："沿高剪开就不会出现不满格的情况。"

师："你（生2）拼出的长方形与原来的平行四边形相比什么变了，什么没变？"

生2："面积不变，形状变了。"

师："你（生2）是怎么想到这种方法的？"

生2："我是在数方格时，通过补格想到的。"

师："你们喜欢哪种方法？对刚才的方法有没有什么问题？"

生1："没有网格图不能数，我应该怎样计算？"

生2："有没有通用的、直接计算平行四边形面积的方法？"

【设计意图：让学生熟悉操作工具和基本的操作方法，进一步明确研究目标，亲自实践转化过程，初步印证自身想法。教师像这样，引导学生对学习过程进行反思、总结，体会知识之间的紧密联系，有利于学生积累从事数学活动的经验和学习经验。】

2. 再次探究，深化认识

师："有没有通用的计算平行四边形面积的方法呢？请同学们用手中2号信封里的学具再来研究一下（学生手中的平行四边形大小不同，且底和高均不为整数）。"

学生利用学具自主研究后集体交流。

生1："我的方法是沿着平行四边形的高剪一个三角形，再把三角形拼到平行四边形的另一边，将平行四边形转化成长方形，这样虽然形状变了，但是面积没变，长方形的面积就相当于原来平行四边形的面积。平行四边形的底相当于长方形的长，平行四边形的高相当于长方形的宽。"

生2："我的方法是沿着一条高，将平行四边形剪成两个直角梯形，再拼成一个长方形，长方形的面积就相当于原来平行四边形的面积。平行四边形的底相当于长方形的长，平行四边形的高相当于长方形的宽。"

师："这些方法虽然各有不同，但有什么相同点？你们还有什么发现？"

生1："都是沿着高将平行四边形分割的。"

生2："都是转化成了之前学过的图形。"

【设计意图：操作活动后的交流反思是学生提取数学知识和方法的重要环节。在这一环节中，教师首先应要求学生用语言描述操作的过程和结果；其次则要引导学生观察和比较不同的操作结果，提取共同属性或一般方法；最后给全体学生分享集体的学习成果。在这一教学环节中，教师引导学生通过自主探索获得初步发现，顺应学生的认知需求；通过进一步的实践论证，让学生寻求规律的一般性。整个教学过程力求使学生经历一个完整的有目的、有设计、有步骤、有合作的实践活动，丰富学生活动经验。】

3. 寻找对应，概括公式

师："平行四边形的面积为什么是底乘高呢？拼成的长方形与原来的平行四边形有什么联系？"

生1："平行四边形的底相当于长方形的长，平行四边形的高相当于长方形的宽。"

$$长方形的面积 = 长 \times 宽$$
$$\downarrow \quad \downarrow$$
$$平行四边形的面积 = 底 \times 高$$

师："一般面积公式用字母表示会更简洁，你们能总结一下吗？"

生2："如果用字母 S 表示平行四边形的面积，用 a 表示平行四边形的底，用 h 表示平行四边形的高，则有 $S_{平行四边形} = ah$。"

师："我们之前对平行四边形面积公式的猜想，也就是邻边相乘为什么不正确呢？"

生3：“因为斜边和高不同。”

教师用平行四边形框架辅助说明：只有相邻边呈90度夹角，即互相垂直时才可以通过相乘的方法计算面积。

师：“计算方法有了，大家可以自行结合前面使用到的平行四边形验证一下结论是否正确。”

【设计意图：学生的学习过程不仅是一个接受知识的过程，而且是一个发现问题、分析问题、解决问题的过程。这个过程一方面是展露学生遇到的各种疑问、困难和矛盾的过程，另一方面是展示学生聪明方法、独特个性、创新成果的过程。在此环节的教学中，教师应给予学生充分的空间和时间，力求让学生用自己的认识建立数学模型，并进行自由、开放的验证。这样既体现了学生的主体性，提升了学生对所学知识的认可度，又突出了数学结论的简洁性和严谨性。】

（四）分层练习，巩固提高

1. 基础练习

请大家算一算下图中的平行四边形的面积是多少。

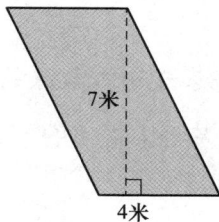

平行四边形面积计算1

2. 提高练习

求下图中平行四边形的面积，下面哪个列式是正确的？（正确的在括号内画"√"，错误的画"×"。）

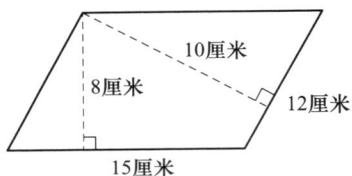

平行四边形面积计算 2

15×8	12×8	15×12	12×10
（ ）	（ ）	（ ）	（ ）

3. 发散练习

请问这辆汽车能停进下图中的车位吗？

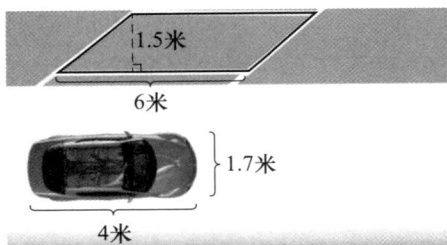

这辆汽车能否停进车位

九、教学着力点
（一）研究

在以往的教学实践中我曾多次对本节课的内容进行思考和探索，本节课的教学设计是在以往研究的基础上提出的，它是阶段性研究的结果。

（二）发现

整个公式推导过程建立在学生已有知识经验的基础上。教师可引导学生对学习方法进行思考，即当面对一个不会的问题时，可回顾近似的问题及其解决历程，从中受到启发，再回来解决这个不会的问题。学生不只是知识的拥有者，也是方法的发现者。

（三）思想

思想是数学的灵魂，方法是数学的行为。在探寻公式推导方法的过程中，教师应使学生经历由繁到简、由未知到已知、由曲到直的过程，并渗透极限的数学思想，让学生掌握学习方法。

（四）思维

在公式推导过程中，教师应重点关注学生思维的逻辑性和严谨性，以此突出学段衔接的重要性。知识的衔接是表面的，更重要的是学习方法、思维方式的衔接。

十、教学反思

在"平行四边形的面积"一课的教学中，我们看惯了学生运用学具推导面积公式时那种既互相合作又独自操作的热闹课堂，突然把课上得这么"静"，反而有点不习惯了。静下心来一想，这难道不就是我们所要的课堂吗？这种简单有效的教学设计，充满了智慧。

第一，智慧源于精心预设。"凡事豫（'豫'通'预'）则立，不豫则废。"预设的前提是教师很好地解读了学生原有的生活经验和知识起点。对于本课的教学，教师做了精心的准备，结合学生的认知实际，着力解决"平行四边形的面积等于底乘高，而不是底乘邻边"和"为什么平行四边形的面积是底乘高，而不是底乘邻边"两大问题，即平行四边形的面积"是什么，不是什么"和"为什么是这个（底乘高），而不是那个（底乘邻边）"的问题。课堂的教学效果很好，两个重点内容突出，目标也得到了有效落实。

第二，智慧重在经历体验。知识的获得是一个主动的过程，学生应是获取知识过程的主动参与者。智慧课堂应该是学生在参与中有体验，在体验中有思考，在思考中有收获的课堂。教学中学生不缺有效的操作、热烈的讨论、积极的思考、扎实的练习，在观察、猜测、验证、思考、评价时学生也都全身心参与，并经历了平行四边形面积公式由猜测到形成、由形成到确定、由确定到应用，不断修正、完善的过程，一气呵成，顺理成章。

让学生经历数学学习的过程就是强调学生学习数学是一个现实的体验、理解、反思和应用的过程。本节课具体体现在以解决问题为核心，让学生进行数学研究活动。

（1）联系生活，以解决实际问题贯串全课。教师由解决小汽车的占地面积计算问题引入，带领学生复习长方形面积公式的推导过程，为学习新知识做必要的准备；接着解决停车场面积计算的问题，把学生引到对平行四边形面积计算方法的探索、解决停车场面积计算的问题上。学生在解决实际问题的过程中巩固了知识，提高了数学的应用意识。

（2）把问题隐含于具体的学习任务之中，使学生的"自主探究"成为可能。学生是学习的主体，在教学活动中，教师要善于选择有价值的问题引导学生研究："平行四边形的面积可能与它的什么有关？""验证你们的猜想，你们能在活动过程中找到平行四边形面积的计算方法吗？"……这一个个问题能够鼓励学生积极主动地参与知识形成的过程，使学生获得更深刻的数学知识。教师设计了多个教学环节，引导学生带着问题进行探究活动：首先是让学生根据已有知识和经验大胆猜想；接着让学生通过操作验证自己的猜想是否正确，使学生在数学活动中很自然地发现平行四边形和长方形之间的关系；最后让学生归纳出平行四边形面积公式。

第三，智慧需要思维引领。平行四边形的面积公式是教师讲解几何图形面积计算方法知识时第一次运用转化思想推导得出的。因此，本节课让学生形象直观地明白什么是"转化"，深刻理解"转化"的本质，就显得尤为重要。对于转化，本节课没有介绍得朦朦胧胧，而是把这种方法明朗化，让转化本领成为学生思维的"主角"，并作为学习的一个重点让学生掌握。

学生通过观察课件演示的图形动态变化，经比较发现"相邻两边相乘可求平行四边形面积"的观点是错误的。于是，学生动手自己探索平行四边形面积的计算方法，思维真正活跃起来，他们利用转化的思想把平行四边形转化为已学过的长方形，通过研究两个图形之间的联系，得出平行四边形面积的计算方法。这样以数学思想和方法为思维主线，不但解决了问题，而且加强了知识间的联系，有助于知识的系统化。在此过程中，学生经历了一个化难为易、化新为旧的过程。

苏霍姆林斯基曾经说过：在心灵深处，人们都有一种根深蒂固的需要，这就是希望自己是一个发现者、研究者、探索者。思维是智慧课堂的核心，教师应尽可能考虑到学生的认知特点，在教学中提出既能促进学生"深度思维"，又能引起"集体思维"的问题。在探究平行四边形面积公式时，教师充分运用了两个图形与相应的学具，一次次地激起学生的思考，又一次次地修正学生的思考，直至学生得出完美的结论；在课堂练习环节，教师又给出极具价值的练习，融数形结合、函数思想、转化思想于其中。

课程改革背景下的数学课堂教学每一分钟都孕育着创造，都将可能诞生一种新的方法、新的思想和新的创意，已由完全的预设不断地走向动态生成，时时在彰显着课程改革的多彩魅力，演绎着课程改革的新理念。而这精彩的生成，有的在我们的预设之中，有的在我们的意料之外。这就要求教师要从关注预设的教案，转向关注学生和学情。面对课堂上的"阴错阳差""节外生枝""灵光一闪"，教师不能视而不见，而需要运用智慧去引领，使师生激情燃烧，个性彰显，智慧喷薄，让课堂教学在动态生成中得到完善，走向大气，走向洒脱，走向睿智。而学生在动态生成中也将得到全面、健康发展。于是，课堂真正成了师生心灵共舞的家园。

尊重认知发展的自然规律：单式折线统计图

一、课程内容

人教版小学数学五年级下册第 7 单元 104 ～ 107 页。

二、基于数学史的教学设计思路

数学发展的内在原动力主要是需求。人类对数的精确性的需求引发了小数和分数的数域拓展，对图形的精确性的需求引发了圆周率的不断精确，对统计活动的需求则引发了不同统计量的发展……所以说数学的发展本身是在现实需求的引领下完成的。基于以上的思考，我认为小学阶段学习的统计图之所以有条形、折线和扇形之分，也一定是因为不同角度和不同领域的需求所致。因此，教学中，教师对小学阶段学生认识的第二种统计图——折线统计图的作用和价值点的讲解就显得更加重要了。

通过查阅与折线统计图有关的文献，我发现很多相关的教学设计都凸显了折线统计图本身的数学特点，即"不但便于比较数量的多少，还可以表示数量增减变化的趋势"，但有些教学设计却忽略了其本身具有的价值和内在的数学特点。例如，在与其他教师的深入交流中，我提出了一个关于统计图使用的问题："折线统计图是否可以替代条形统计图？"对此，众多教师给出了明确的回答，他们普遍认为折线统计图并不能完全替代条形统计图。但当深究其中原因时，很多教师却说不清楚。当我抛出诡辩的观点——"条形统计图的特点是'便于比较数量的多少'，而折线统计图的特点是'不但便于比较数量的多少，还可以表示数量增减变化的趋势'，这就说明折线统计图包含了条形统计图的特点，所以折线统计图可以代替条形统计图"，很多教师都被误导，认为它"有道理"，个别不受"欺骗"的教师虽然不同意这一观点，但也无法有效反驳。这些现象都说明教师本身对于条形统计图和折线统计图的本质理解不够深刻，那他们教出的学生又是否会理解到位呢？我想结果不容乐观。

因此我认为，在教学"单式折线统计图"一课时教师需要引导学生经历统计图建构的完整过程，亲历这段数学史的发展过程，充分尊重数学发展的自然规律，让学生基于实际需求感受统计的本质。

三、背景分析

（一）核心素养

《课标》将学生发现和提出问题的能力作为课程总目标之一，并将"数据意识"作为义务教育阶段小学数学教育的 11 个关键词之一进行了阐述。由此可见，在人才培养、提升国民素质的教育大课题上，数学教学毫无疑问发挥了重要的作用。然而，在当前的小学数学教学中，教师提出了一些无效或低效的数学问题，致使学生发现和提出问题的机会减少，即使学生有质疑、有问题，也往往因为怯于表达或不受重视而被扼杀于萌芽状态。

（二）问题引领学习

"问题引领学习"是指基于学生真实问题开展的学习。北京教育学院张丹教授将这类问题的核心特征精辟地归纳为"儿童想要知道，但不能直接获得答案或者解决方案"。这一探索过程，能够激发学生思考，让其实现自我发现。张丹教授不仅总结了问题的重要特征，还进一步提出了问题引领学习的基本单元，为教学实践提供了宝贵的指导。这个基本单元中呈现了一个发现和提出问题、分析和解决问题的全过程（见下图）：由情境引发，建立在体验的基础上，学生会不断产生疑问；进而经过思考，这些疑问会转化为可以讨论的问题；通过自我探究与合作交流，学生经历解决问题的过程，运用所学的知识和方法解决问题，或者进一步学习新的知识和方法；在反思中总结所学知识和方法，建立内容之间的联系。这为问题引领学习的数学教学提供了理论指导。

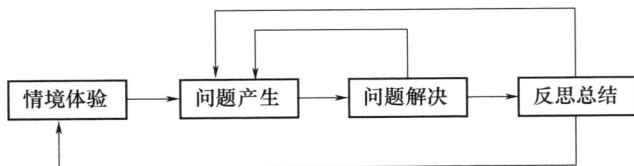

问题引领学习的基本单元

美国当代数学家哈尔莫斯曾说："问题是数学的心脏。"这一问题仅限于来自学生的真实问题吗？对于小学阶段的学生，尤其对于发现和提出问题能力尚未达到较好水平的学生来说，教师的主导作用如何体现？如何落实以问题引领学习提升学生的核心素养？带着这些疑问，我借鉴张丹教授提出的问题引领学习的基本单元开展了研究。

（三）数学分析

学习统计离不开数据。正如史宁中教授所说："数据是信息的载体，这个载体包括数，也包括言语、信号、图像，凡是能够承载事物信息的东西都构成数据，而统计学就是通过这些载体来提取信息进行分析的科学和艺术。"由此可见，统计学的本质就是数据分析，人们通过对数据的分析来了解和判断数据产生的背景。

四、教材分析

"单式折线统计图"一课是人教版小学数学教材五年级下册第 7 单元"折线统计图"中的起始课。教材在这一单元编排的例 1 及随后的"做一做"侧重引导学生认识和应用单式折线统计图；例 2 则侧重引导学生认识和应用复式折线统计图；练习二十六一方面配合例题的教学安排必要的巩固性练习，另一方面则鼓励学生开展实际调查，把学到的统计知识和方法应用于解决问题的活动之中。这些内容的选择和编排有如下几个值得关注的主要特点。

第一，在比较中凸显折线统计图表示数据的特点。在很多情形下，人们整理数据并不仅仅是为了让自己更好地理解数据、获得信息，而且也是为了与别人进行交流，以分享对问题的理解，并引发大家对相关问题的讨论和思考。于是，人们也就有了用适当方式把整理后的数据呈现出来的现实需要，这也就是统计图产生的原动力。

为了帮助学生在统计活动过程中更好地感受折线统计图的基本特点，教材通过统计表与统计图的比较来引导他们逐步形成相关的体会和认识。例 1 首先引导学生利用对统计表的已有认识主动观察给出的条形统计图，并依据实际需求将其初步转化为折线统计图，进而使学生初步了解折线统计图的基本结构和表示数据的方法，体会到折线统计图能够更加直观、形象地表示数量及其变化情况。

接下来，教材要求学生看图讨论几组相互关联的问题，引导他们在观察、比较、分析、思考的过程中逐步明确折线统计图的本质特点。这样的讨论不仅有助于学生充分了解折线统计图所蕴含的各种信息，而且有助于他们初步体会折线统计图表示数据的基本方法和主要特点。

第二，在应用中掌握用折线统计图表示数据的方法。有关统计图的教学，通常应该包括两方面的教学要求：一是识图，也就是能够了解相关统计图表示数据的基本方法和特点，能够从统计图中获得各种有价值的信息；二是画图，也就是在实际的统计活动中学会用相关统计图描述数据，借助统计图所呈现的数据信息分析并解决相关的问题。前者是后者的基础和前提，而后者则有助于学生更加真切地体验相关统计图的意义和作用。教材一方面注意引导学生结合现实背景理解折线统计图表示数据的基本方法和主要特点，关注折线统计图的栏目含义和结构方式；另一方面则编排了"做一做"的内容，让学生亲自描点成图，强调折线统计图的认识过程与应用过程有机结合，引导学生在此过程中逐步加深对折线统计图的认识，不断感受折线统计图对于分析数据、解决问题的意义和作用。这样既突出了绘制折线统计图的关键环节，又能引导学生更多地关注统计活动的完整过程，更加全面地理解和掌握相应的统计方法。

第三，在讨论中积累分析数据的经验。分析数据的目的主要有两个：一是把数据中蕴含的信息集中在一起或提炼出来，以便找出研究对象的内在规律；二是据此进行判断、预测或决策，以便采取合适的行动。前者属于描述性的数据分析，后者属于推断性的数据分析。对小学生而言，所谓的数据分析大多侧重于描述性分析，也就是要通过某种方式反映自己对数据特点的理解，尽可能多地发现数据中所蕴含的信息，以及由这些信息可以得出的初步结论或简单判断。为了帮助学生不断积累分析数据的经验，逐步提高分析数据的能力，教材以"你有什么感想？"这样的开放性问题，适当引导学生从对"数据本身能够说明什么？"的关注，逐步过渡到基于数据进行简单的推断或预测上来。

五、学情分析

（一）基于经验

首先，五年级的学生已经具备了一定的分析、解决问题和抽象逻辑思维的能力。其次，学生对于本节课内容的学习也不是孤立的，它是学生在学习用统计表和条形统计图来表示统计结果的基础上认识的又一种统计图——单式折线统计图。单式折线统计图除了可以表示数量的多少，最主要的作用是表示数量的增减变化趋势。教师应引导学生根据折线的变化特点对数据进行简单的分析，更好地了解统计在现实生活中的意义和作用，并有效建构数据分析观念。同时，本节课的内容又为后续学习复式折线统计图做了准备。

此时的学生已经经历了较为丰富的统计活动，积累了一些基本的统计活动经验，能根据解决问题的需要开展收集、整理、描述和分析数据的活动，会用统计表和条形统计图表示数据，也会用平均数描述一组数据的整体水平。

通过本节课的学习，一方面学生能初步了解用单式折线统计图表示数据的基本方法和单式折线统计图的主要特点，能读懂常见的单式折线统计图，能根据要求制作相应的单式折线统计图，知道单式折线统计图不仅能够表示一组数据中相关数量的多少，而且能够清楚地表示这些数量的增减变化情况；另一方面学生进一步积累了分析数据的经验，知道不仅可以从数据本身获得一些有用的信息，而且可以基于数据所蕴含的信息进行一些有意义的判断和预测——尽管这种判断和预测具有某种不确定性，但它有助于人们更好地利用数据分析和解决问题。

（二）基于调研

为了更好地了解学生的情况，我对所教授班级的共 40 名学生做了前测调研，具体内容如下。

1. 前测试题

（1）在生活中你见过折线统计图吗？

A. 见过，很了解　　　　B. 见过，了解一点

C. 见过，但不了解　　　　D. 没见过

（2）关于折线统计图你都知道些什么？请你写一写、画一画。

（3）请根据给出的数据，回答下面的问题。

① 妈妈记录了陈东 0（即刚出生时）～ 10 岁的身高，请根据下表中的数据将折线统计图补充完整。

陈东 0（即刚出生时）～10 岁的身高统计表

年龄/岁	0	1	2	3	4	5	6	7	8	9	10
身高/厘米	50	74	85	93	101	108	115	120	130	135	141

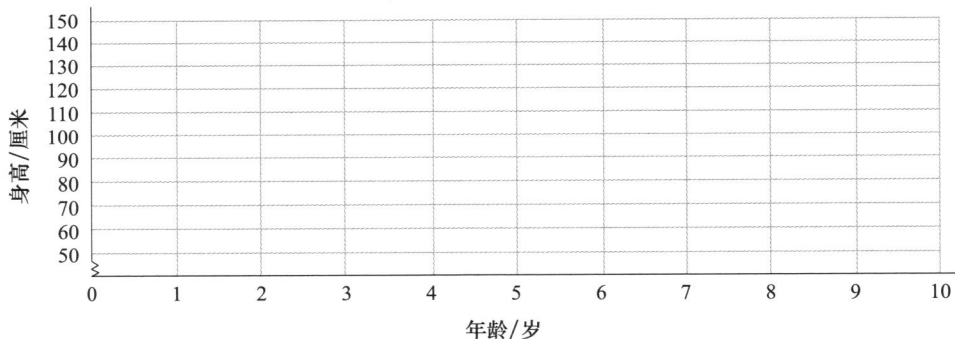

陈东 0（即刚出生时）~10 岁身高情况统计图

② 陈东哪一年长得最快？长了多少厘米？

③ 收集、整理你自己的身高数据，利用方格纸绘制折线统计图，说一说你发现了什么。

2. 前测数据（见下表）

前测试题（1）回答情况统计

了解情况	统计情况	
	人数	人数占比 /%
A. 见过，很了解	16	40
B. 见过，了解一点	22	55
C. 见过，但不了解	2	5
D. 没见过	0	0

前测试题（2）回答情况统计

知道内容	统计情况	
	人数	人数占比 /%
A. 模样	30	75
B. 画法	10	25
C. 生活中的原型	10	25
D. 作用	8	20
E. 不知道，并提出疑问	1	2.5
F. 答非所问	1	2.5
G. 复式折线统计图	1	2.5

前测试题（3）回答情况统计

答题情况	统计情况	
	人数	人数占比 /%
完全正确	25	62.5
描点错误	4	10
忘记标数据	31	77.5
描点有遗漏	1	2.5

答题情况	统计情况	
	人数	人数占比 /%
连接 0 点	8	20
完全不会	1	2.5

3.前测数据分析

通过前测试题（1）题的回答情况统计数据可知，大多数学生对折线统计图的认识不是白纸一张，他们对相关知识在课前有了不同程度的了解，具备了一定的知识基础。

通过前测试题（2）题的回答情况统计数据可知，学生能够从折线统计图的模样、画法及生活中的原型等七个方面对其进行描述。这一方面说明学生对折线统计图了解的面较广；另一方面也说明学生有关折线统计图的知识点比较零散，没有形成体系。

通过前测试题（3）题的回答情况统计数据可知，大多数学生能够正确地画出折线统计图，只是在个别细节上不够准确，有些要求也没有达到，说明他们对规则掌握得不够好，对知识的理解也不够全面。

六、教学目标

（1）认识单式折线统计图，能读懂图上信息，并能根据数据的变化进行简单的分析和预测。

（2）通过与条形统计图的比较和分析，体会单式折线统计图的特点及作用，培养发现问题、分析问题和解决问题的能力。

（3）体会统计与生活的紧密联系和在生活中的作用，提高统计意识，发展数据分析观念。

七、教学重点

认识单式折线统计图，学会用单式折线统计图来分析问题、预测事情的发展趋势。

八、教学难点

通过与条形统计图的比较，体会单式折线统计图的特点及作用。

九、教学过程

师："上课前让我们一起看一则新闻，然后请大家告诉我，你们从新闻中了解了什么。"

播放 2016 年《北京您早》关于国庆假期出境游创历史新高的新闻片段。

师："随着我国经济和社会的发展，以及人民生活水平的提高，越来越多的中国人开始走出国门，去领略异国他乡的风土人情。"

（一）创设情境，复习导入

师："刚刚同学们从新闻中了解了一些有关出境游的信息，我也捕捉到了几个词：统计、数据显示、预测。这些词都是统计中的常用词，今天我们就一起继续研究统计图里的那些事儿！请大家跟我一起阅读以下材料。"

阅读材料：为了了解中国游客出境游的情况，小明查找并统计了中国游客去每个国家的旅游数据。这是 2010—2016 年中国游客赴某国旅游的数据统计表。

2010—2016 年中国游客赴某国旅游数据统计表

年份	2010	2011	2012	2013	2014	2015	2016
数据 / 万人次	170	170	280	400	790	610	800

师："从统计表中，你们能读出哪些信息？"

生1："2016年中国游客去这个国家旅游的人最多；2010年和2011年一样多，且最少。"

师："你有一双会发现的眼睛。那么，有谁知道我们学过的哪种形式的统计图能更直观地表示这些数据？"

生3："条形统计图。"

课件展示条形统计图（见下图）。

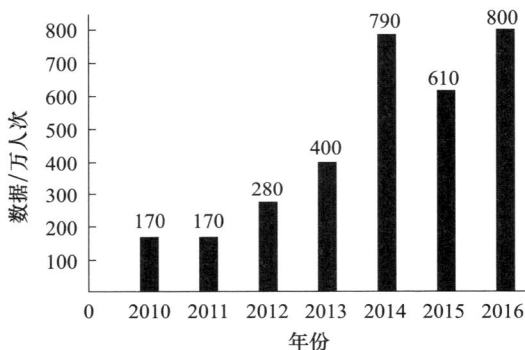

2010—2016年中国游客赴某国旅游数据统计图（条形）

师："对照上面的条形统计图，谁再来说一说你的发现？"

生2："2016年中国游客去这个国家旅游的人最多；2010年和2011年一样多，且最少。"

师："你是怎么观察的？"

生2："看条形的高低。"

教师引导学生观察并发现信息，总结特点。

小结：条形的高低能直观地表示出数量的多少。

【设计意图：该环节通过问题引导学生复习统计表和条形统计图，建立起统计表和统计图之间的联系；通过复习条形统计图的读图方法和特点，为学生学习单式折线统计图做好铺垫；同时可以增强学生对数据的敏感性，向其渗透信息意识。】

（二）借助问题引出新知，自主探究构建新知

1. 形成单式折线统计图

师："从 2010 年到 2016 年七年里中国游客到这个国家旅游的数据变化情况又是怎样的呢？"

生 1："2010 年到 2011 年数据没有变化，2011 年到 2012 年数据增大……"

生 2："2010 年到 2016 年数据总体呈上升趋势。"

师："按照大家的思路，我们可以用手对着条形统计图边比画边说一说。"

学生边比画边说（课件演示：手的运动轨迹）。

师："同学们回想一下，从最开始观察统计表中的数据，到关注条形的高低，在你们小手运动的过程中，其实你们已经把目光又聚焦到了数据之间的联系和变化上。如果想更简洁、清楚地表示数据之间的变化，该怎么办？"

生 3："把条形去掉。"

师："好主意。这就形成了一种新的统计图（演示课件：条形变成点，顺次连线），叫作单式折线统计图（见下图）。"

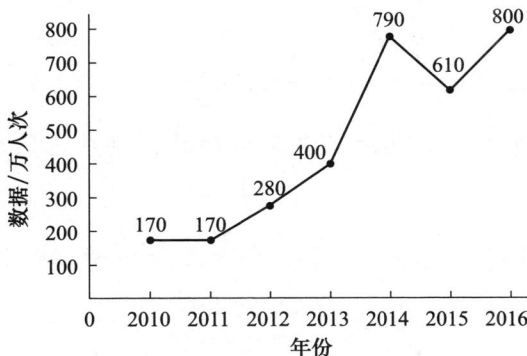

2010—2016 年中国游客赴某国旅游数据统计图（折线）

【设计意图：单式折线统计图并非"空穴来风"，它完全可以在条形统计图的基础上生成。这部分的教学内容抓住新旧知识间的连接点，以条形统计图为基础，通过问题引领，自然生成单式折线统计图，为后面明晰两种统计图的联系与区别埋下伏笔。】

2. 认识单式折线统计图

（1）自主探究，体会点与线的作用。

师："单式折线统计图中的这些点的位置表示的是什么？"

生1："点的位置表示数量的多少。"

师："点与点之间的连线，如果让大家分类，应该怎么分？"

生2："连线分为三类，水平的线段表示没有变化，上升的线段表示数量增多，下降的线段表示数量减少。"

小结：线的走势表示数量的增减变化趋势。

【设计意图：体会单式折线统计图中点与线的作用是本节课教学的重点，这个环节的教学完全交给了学生。"统计图中点的位置可以告诉我们什么？这些线又能告诉我们什么？"这些开放性的问题留给了学生足够的空间，让学生在独立思考与合作交流中了解到单式折线统计图的特点。】

（2）分析比较，体会线的变化情况。

师："这几条线段都表示数量是增加的，哪条线段表示数量增加得最快？"

生1："2013年到2014年那条线段表示数量增加得最快，因为它是最长的。"

师："它除了最长以外，还给你们什么直观的感觉？"

生1："和其他线段相比是最陡的。"

生2："线越陡，说明数量增加得越快；线越缓，说明数量增加得越慢。"

小结：线越陡说明数量变化的幅度越大，线越缓说明数量变化的幅度越小。

3.分析趋势，合理预测

教师将单式折线统计图的坐标轴及方格隐去，得到一条折线（见下图）。

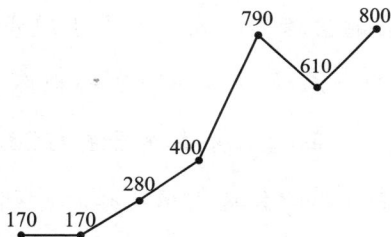

2010—2016年中国游客赴某国旅游数据统计图（隐去坐标轴及方格）

师："刚刚我们从局部分析了数据的变化情况。现在大家伸出手，比画一下这条折线。它的整体趋势怎么样？"

生1："是上升的。"

师："为了提供更全面周到的接待服务，在2016年底，这个国家的旅游主管部门发布了一个工作部署，要求预测2017年的中国游客入境游数据。谁能预测一下？"

生1："增加。"

生2："减少。"

生3："不变。"

师："这几种情况都有可能。从这条折线的变化趋势来看，大家觉得哪种可能性更大？"

生 4："增加的可能性会更大。"

师："你能通过数据的变化趋势进行预测，有一定的合理性。可就在 2017 年的 4 月初，旅游研究院的专家根据 2017 年第一季度中国游客去这个国家的数据变化情况预测：2017 年中国游客到这个国家旅游的人数会大幅下降。可见，根据数据或统计图来进行预测有一定的合理性，但是也有一定的不确定性，因为还有很多其他的因素会影响数据的变化发展。"

【设计意图：小学数学中的统计学和概率论的内容是一种"不确定性数学"，而统计教育的价值核心在于使学生逐步养成尊重事实、通过数据来分析问题的习惯。基于对这一事实的理解，这节课通过已有的 2010—2016 年中国游客赴某国旅游的数据预测 2017 年的数据情况，引导学生感受单式折线统计图的应用价值。在此基础上，教师带领学生将学生的预测结果与旅游专家的预测结果进行对比分析，引导学生联系生活实际，体会根据数据及统计图预测趋势的合理性和不确定性，使学生能从数学的角度去观察和认识生活中的一些现象。这样既能够培养学生的数据分析能力，又能引导他们在数据分析时进行理性的思考。】

（三）巩固内化，应用提升

师："好了，现在我们已经了解了单式折线统计图的特点。接下来，我来看看大家的读图能力如何。请回答下面的问题。"

1.阅读思考
请在下面的单式折线统计图中找一找，然后填空。

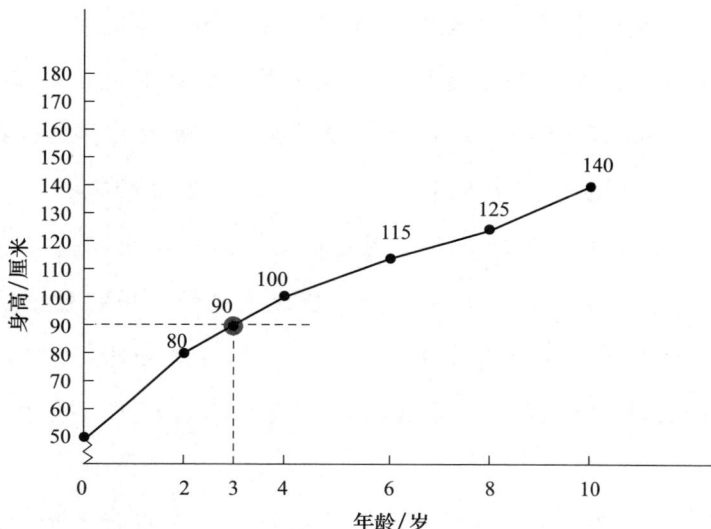

五年级（1）班王红 10 岁以内（含 10 岁）时的身高情况统计图

（1）王红出生时身高是多少厘米？

（2）王红身高 115 厘米时是几岁？

（3）王红哪两年长得最快，长了多少厘米？

（4）小明根据折线统计图说王红 3 岁时的身高是 90 厘米，对吗？为什么？

（5）请你预测王红 12 岁的时候身高是多少厘米。

（6）王红会一直这样长高吗？

【设计意图：巩固学生对单式折线统计图的认识；引导学生体会利用单式折线统计图进行预测时，既要根据单式折线统计图的发展趋势，也要联系生活实际。】

2. 拓展应用

师："这节课一开始的时候，我们通过旅游数据认识了单式折线统计图，现在，我还想用旅游这个话题来考考大家。中国优美的自然风光和悠久的历史文化也吸引了大批的外国游客。为了尽地主之谊，更好地为外国游客提供服务，合理地预测入境旅游数据就显得特别重要。现在是 4 月份了，要预测 4 月份的国际入境游数据，你们打算怎么办？"

生 1："我需要了解近几个月的国际入境游数据情况。"

生 2："我需要了解近几年 4 月份的国际入境游数据情况。"

生 3："我需要了解近几年 4 月份前几个月的入境游数据情况。"

师："考虑到旅游具有季节性，为了更加合理地进行预测，我们不仅要参考近几个月的国际入境游数据，还要参考近几年 4 月份的数据情况。

"实际生活中，为了确保预测的准确性还要考虑诸多因素，比如国际政治环境、气候因素等，甚至也要整体分析近几年 10 月份到 4 月份的数据变化情况。把两年甚至更多年的数据情况放到一张统计表中便于对比观察数据的变化规律，这就是下节课我们要学习的复式折线统计图。

"在生活中你还见过哪些折线统计图？"

生："股市中的折线统计图、心电图……"

根据学生回答情况，教师适时用课件呈现相应折线统计图，如体温折线统计图、心电图、股市中的折线统计图、平均气温折线统计图。

【设计意图：通过预测 4 月份的国际入境游数据情况，引导学生感受折线统计图的应用，提高统计意识，发展数据分析观念；通过介绍体温、平均气温……折线统计图，使学生建立起数学与生活的内在联系。】

（四）回顾整理，反思升华

师："让我们回顾一下本节课的学习过程。首先，我们从关注条形统计图中条形的高低到关注数据之间的变化，从而认识单式折线统计图；通过分析对比，我们发现单式折线统计图不仅能表示数量的多少，更能表示出数量的增减变化趋势。

"其实学习就像折线统计图一样，是一个连续不断上升的过程。关于统计的知识还有很多，下节课我们要学习复式折线统计图。今天的课就上到这里。"

（五）拓展及作业

完成下面的课后作业。

课下选择合适的统计项目，调查相关数据制成单式折线统计图，并进行分析和预测。

时间：两周

形式：不限（调查报告、小论文、作文、绘本等）

格式：A4 纸、小四号字、1.5 倍行距

十、教学反思

第一，落实问题引领学习理念。我特别同意张丹教授所提出的问题引领学习并不是一种简单的学习模式，更是一种理念的观点。通过研究我更进一步地认识到在问题引领学习中，"问题"是基础，"引领"是关键，"学习"是核心，"核心素养"是目的。四者既是互相促进的个体，又构成一个相互渗透、不可分割的整体。"问题、引领、学习"三者均有具体操作方法，在整个教学过程中教师可以充分发挥"引"和"领"的主导性，学生可以充分发挥"学"的主体性，使教与学相得益彰。而与张丹教授提出的问题引领学习的基本单元稍有不同的是，在这节课中最初的问题是由教师精心设计的，学生在解决问题的过程中提出了自己的问题，再进行合作探究，反思总结。

教师选择当前的热点话题旅游来引出问题，在情境中教师通过问题引领学生复习旧知、引出新知、探究特点，在解决问题的过程中学生又产生了新的问题："既然折线统计图这么好，我们还学习条形统计图做什么？"这一问题是真实、鲜活又别出心裁的。这正是我们当前所提倡要培养的学生发现问题和提出问题的能力。本节课在教师的引导下，学生通过合作交流试图解答这一疑问。学生从认识知识的基础性、表达的便捷性等多个角度进行了解释和说明。在这一过程中学生思维缜密，能多角度、辩证地分析问题，从而进行选择和作决定。这样的学习过程本身就是核心素养在数学课堂中的具体体现。

第二，践行学生发展核心素养要求。数学伴随着人类文明的发展，也与人类社会的发展紧密相连。在人才培养、提升国民素质的教育大课题上，数学毫无疑问将发挥重要的作用。本教学设计力图借助"单式折线统计图"这一内容，引导学生在交流中培养理性思维和信息意识，在对比中培养数据分析观念。

第三，强化数据分析观念与意识。《课标》中指出"数据意识主要是指对数据的意义和随机性的感悟。知道在现实生活中，有许多问题应当先做调查研究，收集数据，感悟数据蕴含的信息；知道同样的事情每次收集到的数据可能不同，而只要有足够的数据就可能从中发现规律；知道同一组数据可以用不同方式表达，需要根据问题的背景选择合适的方式。形成数据意识有助于理解生活中的随机现象，逐步养成用数据说话的习惯。"

基于此，数据分析观念的内涵应包括以下三个互相关联的要素。

（1）经历数据分析的过程，体会数据蕴含的信息。

（2）选择适当的方法收集和分析数据。

（3）通过数据分析，体验随机性。

除此之外，在"单式折线统计图"这节课中，教师首先提供了 2010—2016 年中国游客赴某国旅游数据统计表，在初步分析的基础上又依次呈现条形统计图和折线统计图并进行分析，引导学生体会数据中蕴含着丰富的信息，培养学生的统计意识和信息意识。

在给两组数据选择合适的统计图环节，教师运用比较的方法，引导学生意识到选择统计图的时候既要考虑统计的需要，又要根据数据的特点：当更关注数量的多少、数据之间比较独立时选择条形统计图更合适，当更关注数量的变化趋势、数据之间是连续的时选择折线统计图更合适。教师还引导学生辩证地认识统计图的表达方式。

创新历史经典的智慧与内涵：鸡兔同笼

一、课程内容

人教版小学数学四年级下册第 9 单元 99 ～ 100 页。

二、基于数学史的教学设计思路

"鸡兔同笼"是中国古代的数学名题之一。大约在 1600 年前，《孙子算经》中就记载了这个有趣的问题。书中是这样叙述的："今有雉兔同笼，上有三十五头，下有九十四足，问雉兔各几何？"这段话的意思是，有若干只鸡和兔同在一个笼子里，从上面数有 35 个头，从下面数有 94 只足，那么笼中各有多少只鸡和兔？

传本的《孙子算经》共三卷。卷上叙述算筹记数制度，筹算乘、除法则，以及各种预备知识；卷中、卷下都是关于分数运算、衰分、盈不足、商功、线性方程组解法、开平方的应用题。卷下第 31 题，可谓是后世"鸡兔同笼"问题的始祖，后来传到日本，变成"鹤龟算"。

"鸡兔同笼"问题是中国古代著名的数学问题，是已知鸡与兔的总头数和总足数，求鸡和兔各有多少只的一类典型应用题。这类题的题型虽然固定，但 1000 多年的历史积淀使得该问题的解题思路和方法变得多种多样，如假设法、削补法、转化法、分组法、盈亏法、倍比法、设零法、代数法等，且解法还在不断创新。

（一）数学中解决"鸡兔同笼"问题的常见方法

例如："鸡和兔同笼，上有 40 个头，下有 100 只足，鸡和兔各有多少只？"具体解法有如下几类。

1. 极端假设

解法一：假设 40 个头都是鸡的，那么应有足 $2 \times 40 = 80$（只），比实际少 $100 - 80 = 20$（只）。这是把兔看作鸡的缘故。而把一只兔看成一只鸡，足数就会少 $4 - 2 = 2$（只）。因此兔有 $20 \div 2 = 10$（只），鸡有 $40 - 10 = 30$（只）。

解法二：假设 40 个头都是兔的，那么应有足 $4 \times 40 = 160$（只），比实际多 $160 - 100 = 60$（只）。这是把鸡看作兔的缘故。而把一只鸡看成一只兔，足数就会多 $4 - 2 = 2$（只）。因此鸡有 $60 \div 2 = 30$（只），兔有 $40 - 30 = 10$（只）。

解法三：假设 100 只足都是鸡足，那么应有头 $100 \div 2 = 50$（个），比实际多 $50 - 40 = 10$（个）。把兔足看作鸡足，兔的只数（头数）就会扩大 $4 \div 2 = 2$ 倍，即兔的只数增加 $4 \div 2 - 1 = 1$ 倍。因此兔有 $10 \div (4 \div 2 - 1) = 10$（只），鸡有 $40 - 10 = 30$（只）。

解法四：假设 100 只足都是兔足，那么应有头 $100 \div 4 = 25$（个），比实际少 $40 - 25 = 15$（个）。把鸡足看作兔足，鸡的只数（头数）就会缩小 $2 \div 4 = 1/2$。因此鸡有 $15 \div 1/2 = 30$（只），兔有 $40 - 30 = 10$（只）。

2. 任意假设

解法五：假设 40 个头中，鸡头有 12 个（$0 \sim 40$ 中的任意整数），则兔头有 $40 - 12 = 28$（个），那么它们一共有足 $2 \times 12 + 4 \times 28 = 136$（只），

比实际多 $136-100=36$（只）。这说明有一部分鸡被看作兔了。而把一只鸡看成一只兔，足数就会多 $4-2=2$（只）。因此把鸡看成兔的数量是 $36÷2=18$（只）。那么鸡实际有 $12+18=30$（只），兔实际有 $28-18=10$（只）。

解法六：假设 100 只足中，有鸡足 80 只（$0\sim100$ 中的任意整数，最好是 2 的倍数），则兔足有 $100-80=20$（只），那么它们一共有头 $80÷2+20÷4=45$（个），比实际多 $45-40=5$（个）。这说明把一部分兔足看作鸡足了，而把兔足看成鸡足，兔的只数（头数）就会增加 $4÷2-1=1$ 倍。因此把兔看作鸡的数量是 $5÷（4÷2-1）=5$（只）。那么兔实际有 $20÷4+5=10$（只），鸡实际有 $40-10=30$（只）。

通过比较可知，任意假设是极端假设的一般形式，而极端假设是任意假设的特殊形式，也是简便解法。

3. 除减法

解法七：用足的总数除以 2，也就是 $100÷2=50$（只）。这里我们可以设想每只鸡都是单足站立，而每只兔都两条后腿抬起像人一样双足站立。这样在 50 这个数里，鸡的只数（头数）算了一次，兔的只数（头数）相当于算了两次。因此从 50 中减去总只数（头数）40，剩下的就是兔的只数（头数）10。有 10 只兔当然鸡就有 30 只。

这种解法就是《孙子算经》中记载的：做一次除法和一次减法，马上能求出兔的只数。多简单！

4. 盈亏法

解法八：把总足数 100 看作标准数；假设鸡有 25 只，兔则有 $40-25=15$（只），那么它们有足 $2×25+4×15=110$（只），比标准数盈余

$110-100=10$（只）；再假设鸡有 32 只，兔则有 $40-32=8$（只），那么它们有足 $2\times32+4\times8=96$（只），比标准数少 $100-96=4$（只）。根据盈不足术公式，可以求出鸡的只数，即鸡有（$25\times4+32\times10$）$\div$（$4+10$）$=30$（只），兔则有 $40-30=10$（只）。

5. 比例分配

解法九：40 个头一共 100 只足，平均每个头有足 $100\div40=2.5$（只）。而一只鸡的足数比平均数少 $2.5-2=0.5$（只），一只兔的足数比平均数多 $4-2.5=1.5$（只）。根据平均问题的"移多补少"思想，即超出总数等于不足总数，故知：（$2.5-2$）$\times$ 鸡的只数 $=$（$4-2.5$）$\times$ 兔的只数。因此，鸡的只数：兔的只数 $=$（$4-2.5$）：（$2.5-2$）$=1.5$：$0.5=3$：1。按比例分配可以求出鸡和兔各有多少只，即鸡有 $40\times3/$（$3+1$）$=30$（只），而兔则有 $40\times1/$（$3+1$）$=10$（只）。

6. 方程法

解法十：设鸡有 x 只，那么兔有（$40-x$）只。根据题意列方程：$2x+4$（$40-x$）$=100$。解这个方程得 $x=30$，所以 $40-x=40-30=10$（只），因此鸡有 30 只，兔有 10 只。

鸡和兔的只数（头数）关系除了"和"的已知条件外，还可以把"差"和"倍数"作为已知条件。同样，鸡和兔的足数关系除了"和"的已知条件外，也可以把"差"和"倍数"作为已知条件。

（二）小学数学课堂中解决"鸡兔同笼"问题的常见方法

小学生受知识和认知水平所限，对数学中的很多种解题思路和方法理解起来有一定的难度。在小学数学课堂中，以下 3 种解题方法往往是适用于小学生并常见于教学当中的。我们以"已知鸡和兔一共 8 只，足共有 26 只，求鸡和兔各几只"为例，对这 3 种解题方法进行说明。

实际教学中"鸡兔同笼"问题可直接"翻译"为代数语言，而且其中有两个未知数，如可设鸡为 x 只，兔为 y 只。小学生在掌握了用字母表示数的知识基础上，不难建立如下方程组。

依题意得 $\begin{cases} x+y=8 & （1） \\ 2x+4y=26 & （2） \end{cases}$

但是如何求解这个二元一次方程组呢？这对于小学生而言是困难且超前的。因此我们完全可以将二元一次方程组"小学化"，即利用小学生现有的知识进行解决，并在引导小学生解决实际问题的同时培养其数学思维能力。

1. 枚举法与不定方程

枚举法就是根据已知条件进行合理的猜测，把所有情况都列举出来（可以用表格的形式呈现）并检验，找出符合要求的情况作为问题的解。这种方法是不难操作的。为了不重复、不遗漏，进行有序的思考是必要的。我们可以从极端的数据开始或者说从一组特解开始，再进行适当的调整。

根据条件"鸡和兔一共 8 只"枚举出下表所示的情况。

枚举鸡和兔一共 8 只可能出现的情况

项目	数量 / 只								
鸡	8	7	6	5	4	3	2	1	0
兔	0	1	2	3	4	5	6	7	8
足	16	18	20	22	24	26	28	30	32

找到答案并不困难，而通过枚举观察出规律更重要。鸡、兔总只数不变，每次兔增加 1 只，鸡减少 1 只，而总足数增加 $4-2=2$（只）。知道这一规律，我们就可以更好地理解算术方法——"假设法"。实质上它就是对列表枚举法的一种简化。

当然，根据条件"足共有 26 只"也可以进行枚举、思考，如下表所示。

枚举足共有 26 只可能出现的情况

项目	数量 / 只						
鸡	13	11	9	7	5	3	1
兔	0	1	2	3	4	5	6
足	26	26	26	26	26	26	26

先观察出一组特解 13 只鸡，0 只兔，满足足共有 26 只。再增加 1 只兔，1 只兔的足数相当于 2 只鸡的足数，要想总足数不变，就得减少 2 只鸡。我们可以很快地列出所有情况，从而找出问题的答案。

从代数角度看，可以把（1）、（2）式看作两个不定方程，分别求这两个不定方程的整数解，公共的解就是这个方程组的解。

2. 代入消元法和加减消元法

中学主要学习两种解二元一次方程组的方法，即代入消元法和加减消元法，目的都是将未知数由二元转化为一元。所谓代入消元法，即用其中一个未知数表示另一个未知数，从而消掉一个未知数，将二元转化成一元，具体来说，由（1）式得

$$y = 8 - x \qquad （3）$$

将（3）式代入（2）式，得

$$2x + 4（8 - x）= 26 \qquad （4）$$

实际上，（4）式就是我们小学课本中介绍的方程。

解：设鸡为 x 只，兔为（$8 - x$）只，则

$$2x + 4（8 - x）= 26$$

$$2x + 32 - 4x = 26$$

$$2x = 6$$

$$x = 3$$

$$8 - x = 8 - 3 = 5$$

答：鸡为 3 只，兔为 5 只。

另一种加减消元法，实际上与算术思维方式的假设法存在着一定的对应关系。

假设法：

假设全是鸡，则足数为

$8 \times 2 = 16$（只）

与实际相差

$26 - 16 = 10$（只）

因为 1 只鸡与 1 只兔足数相差

$4 - 2 = 2$（只）

所以兔与鸡的只数分别为

$10 \div 2 = 5$（只）——兔

$8 - 5 = 3$（只）——鸡

加减消元法：

（1）式 ×2，得

$2x + 2y = 16$ （5）

（2）式 −（5）式得

$$（2x + 4y） - （2x + 2y） = 26 - 16$$

$$4y - 2y = 10$$

$$（4 - 2）y = 10$$

$$y = 10 \div （4 - 2）$$

$$y = 5$$

所以 $x = 8 - y = 8 - 5 = 3$

假设法（算术思维方式）需要学生具有非常清晰的逻辑思维能力；加减消元法（代数思维方式）比较抽象，需要学生具有代数的运算基础。二者相辅相成。

3. 几何面积模型

我们可以将"鸡兔同笼"问题转化成几何问题，建立几何面积模型。如下图所示，我们用两个长方形的长分别表示鸡和兔的只数，宽分别表示每只鸡和兔的足数，两个长方形的面积则分别表示鸡和兔的足数，这两个长方形面积的和即表示鸡和兔共 26 只足。

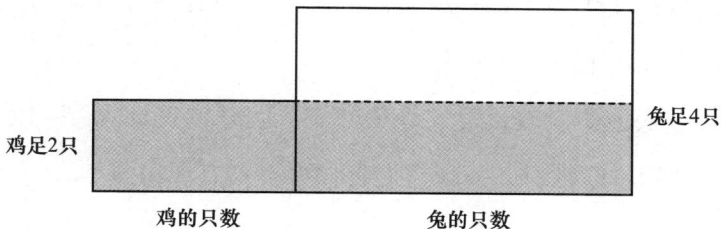

"鸡兔同笼"问题转化成几何问题

应用假设法的思路，$2 \times 8 = 16$——阴影部分的面积，$26 - 16 = 10$——阴影部分上方的面积，上方长方形的长是兔的只数，宽是每只兔和每只鸡的足数差 $4 - 2 = 2$（只），这样兔有 $10 \div 2 = 5$（只）。

借助几何面积模型，学生可以更加清晰、直观地理解算术方法和代数方法的本质，且在两者之间建立了联系。这样既降低了假设法的思维难度，又使抽象的方程变得形象直观。

"鸡兔同笼"问题不愧广为流传，它不仅题意容易理解，解法众多、巧妙，而且可将算术、代数、几何有机地联系在一起，三者相辅相成。

基于以上的思考，在小学数学教学阶段我们应该让学生掌握什么呢？是各式各样的解题方法吗？我认为这既不具备现实条件，也不符合小学生的年龄特点。在有限的课时下我们应该从本质上引导学生体会"鸡兔同笼"问题的内涵，即在定量和变量的调整过程中感悟数学思想与方法的价值。

三、教材分析

"鸡兔同笼"为人教版小学数学教材四年级下册第9单元"数学广角"第一课时的内容，属于数与代数领域中的问题解决部分。教材首先介绍了《孙子算经》中记载的"鸡兔同笼"问题，并通过小机器人的引导激发学生解答我国古代数学问题的兴趣，让学生在经历、体验解决问题的过程中感悟解决问题的策略和方法的多样化，且在后续练习中编排了类似的习题。教材还设计编排了生活中的一些实际问题，例如购物、租船等，让学生感受这类问题在日常生活中的应用。

为了更深入地研读教材对"鸡兔同笼"问题的设计思路，我对比了本书提到的各个版本的教材，发现它们有如下不同点和相同点。

（一）不同点

1. 教学内容的编排顺序存在明显差异

该内容所涉及的教学对象，最低的是四年级学生，最高的是六年级学生，年级的跨度较大。究其原因，编排顺序的差异或与编者想渗透的解决方法相关。

2. 例题所渗透的解决方法呈现多样性

不同版本教材的例题所要渗透的解决方法并不完全一致，呈现多样性，如列表法、画图法、假设法等。

我对不同版本教材进一步梳理后发现，在不同学段中都重复出现了"鸡兔同笼"问题的研究活动，该问题的研究价值进一步得到了凸显。可见教材已经明确将这一问题作为培养学生应用数学意识、发展数学方法、提升数学能力的重要载体了。

（二）相同点

解决"鸡兔同笼"问题的方法是多种多样的，列表法就是其中一种有效的方法。而有序思考就是办任何事情要有一定的方法，从方法到操作，先做什么后做什么，有一定的顺序与步骤，这种蕴含次序的思维方式称有序思维方式。列表法就是一种非常强调有序思考的解题方法。因此，各个版本的教材都涉及了列表法。

对于"鸡兔同笼"问题来说，列表法可以说是所有解题方法的源头，学生用列表法解题时那一次次的猜测、验证、调整正是在感悟和理解鸡与兔数量的变化引起足数和变化的规律。这种在算的基础上逐步尝试、调整的方法，更符合学生的认知规律和解决问题的习惯。这种回归思维原点、不教也能试的方法，本质就是"逼近"的思想，而"穷举、列表"又体现了分类的思想，同时也为学生体验后面的假设法与列表法的本质联系提供了思路，让"猜"更具有思维含量。这可能也是几种不同版本教材都研究了列表法的原因。

四、学情分析
（一）基于经验

（1）认知分析：学生已初步接触多种解题策略，有一定的理解能力和逻辑推理能力，会一些基本的解决数学问题的方法。

（2）能力分析：学生已初步具备一定的归纳、猜想能力，但在数学的应用意识与应用能力方面尚需进一步培养。在实际教学中我们也不难发现，不少学生往往只注重某一特定问题的解决，缺乏扩展、联系、挖掘、应用意识，缺乏运用已有的旧知识解决新问题的能力，比如同样的问题，换一种情境、描述，很多学生不会联系前面所学的知识解决，学生的实际应用能力确实有待加强。

（3）情感分析：多数学生对数学学习兴趣浓厚，能够积极参与课堂学习活动，但在合作交流意识方面表现不够均衡，有待加强；少数学生的学习主动性不够强，没有主见，不愿动脑筋，尚需通过营造一定的学习氛围来加以带动。

（二）基于调研

为了更好地了解学生的情况和开展后面的教学，我对府学胡同小学四年级（2）班的 37 名学生进行了前测。

1. 前测试题

（1）你知道"鸡兔同笼"问题吗？

（2）笼子里共有 8 只鸡和兔，共有 26 只足，鸡、兔各有几只？

2. 前测数据分析

通过前测试题（1）题，我们发现在参与前测的 37 人中，有约 81.1% 的学生已经了解过"鸡兔同笼"问题了，但不能明确"鸡兔同笼"问题的数学价值。再对了解过此问题的约 81.1% 的学生进行分析，发现有 60% 的学生不能正确解决此问题，其中又分为以下几种情况。

（1）不理解题意，所以无法解决。

（2）由于不能发现动物数量和足的总数之间的关系，所以选择了放弃。

（3）尽管使用了列表法，但在列举的过程中出现了问题，导致研究的失败。

在能够解答的 40% 的学生中：有约 58.3% 的学生采用猜测或试一试的方法来解答，但有的并没有条理，只是凑数时正好凑出答案；有 25% 的学生能够利用公式得出正确结果，但对于解答的方法却不能给出详细的解释，只是单纯依靠公式；还有约 16.7% 的学生选择了画图的方法。

通过以上的分析我们可以知道，学生在面对"鸡兔同笼"问题时，显得手足无措，毫无头绪，有的虽能解答，却并不理解其本质，同时缺少解决该问题的方法与思路，在逻辑推理能力上有待提高，需要教师的帮助。

基于以上分析，我产生了如下思考。

（1）如何通过教学提升学生解决问题的能力？

（2）如何凸显列表法背后的育人价值？

五、教学目标

（1）学会用列表法解决"鸡兔同笼"问题，能对数据进行再分析，将列表过程进一步优化，掌握解决问题的策略，渗透数学思想与方法。

（2）经历探究的过程，在尝试和不断调整中体会解决问题的一般策略——列表法，学会从不同角度分析，掌握解题的策略与方法，在数学活动中培养推理能力和积累一定的数学活动经验。

（3）在数学学习中获得成功的体验，感受数学的应用价值，了解我国古代数学文化，增强民族自豪感。

六、教学重点

让学生经历尝试和不断调整的过程，从中体会解决问题的一般策略——列表法。

七、教学难点

理解"鸡兔同笼"问题中的数量关系，能够根据数据分析和调整，优化列表法。

八、教学过程

（一）课前谈话，游戏激趣

师："上课之前，我们先做个猜数字的小游戏。老师手里有三张纸条，请一位同学任意抽出其中一张，其他同学根据纸条上所提供的范围来猜数，看谁猜得又对又快。"

纸条 1：8 到 10 之间的整数。

纸条 2：1 到 10 之间的整数。

纸条 3：0 到 80 之间的数。

生 1：抽到 1 号纸条，很快猜出应该是 9。

生 2：抽到 2 号纸条，猜 2 到 9 之间任意一个整数。

生 3：抽到 3 号纸条，很难猜中（0 到 80 之间有无数个数，很难猜中具体是哪个数）。

师："大家想一想怎么能快速猜出数。这个游戏公平吗？"

生 4："按一定顺序猜，不公平，因为这 3 张纸条上的数的范围是不同的。"

师："看来，'猜'要先有范围，还要讲究方法，它是解决数学问题的一种策略。"

【设计意图：通过猜数字游戏，让学生初步体会"猜"的策略，同时让学生感受到要想快速猜对，既要考虑范围，还要考虑方法，向学生渗透有序思考和穷尽的思想。】

（二）课堂导入，尝试解决

1. 以史为鉴，揭示课题

师："猜的方法古人也会用，他们是怎么猜的？让我们一起来看一下以下材料。"

阅读材料：大约 1600 年前，我国古代数学名著《孙子算经》中记载了一道数学趣题。其内容是："今有雉兔同笼，上有三十五头，下有九十四足，问雉兔各几何？"这就是著名的"鸡兔同笼"问题。

师："大家能用数学语言解释一下这道题是什么意思吗？除此之外，你们还能提出什么问题？"

生 1："鸡和兔同笼，从上面数有 35 个头，从下面数有 94 只足，鸡和兔各有几只？"

【设计意图：通过古代数学趣题引出"鸡兔同笼"问题，激发学生的学习兴趣，并体会数学无处不在；让学生自主提出想要学习的内容，培养学生提出问题的能力。】

2. 自主探究，尝试解决

（1）简化条件，轻松导入。

师："大家能马上猜出正确答案吗？是不是觉得数太大了，不好猜？那怎么办？"

生 1："可以将数改小一点再研究。"

师："好，我们就先从简单的数入手，先解决简单问题，再根据发现的规律解决复杂问题，在数学上我们叫它化繁为简。"

（2）一题多解，多样列表。

师："我们一起来看看这道'鸡兔同笼'问题。笼子里有若干只鸡和兔，从上面数有 8 个头，从下面数有 26 只足，大家猜一猜鸡和兔各有几只呢？"

生1："鸡有1只，兔有7只。"

生2："鸡有3只，兔有5只。"

师："还有其他答案吗？没有的话，怎么能把刚才猜的情况清楚、明白地表现出来呢？"

生3："列表格。"

【设计意图：当数太大时，学生不能很轻易地猜出鸡和兔各有多少只，由此产生了化繁为简的需求。在教师问学生觉得鸡和兔可能各有几只时，学生可能没有顺序地猜出了几种情况，教师此时可适时地引导学生思考怎么能清楚、明白地表示出所猜的情况，让学生产生列表的想法，并有条理地列举所有情况，这渗透了归纳整理和有序思维的思想。】

师："下面就请同学们利用手中的表格，用自己喜欢的方法尝试解决。"

生1：杂乱无章的列举（见下表）。

生1列举出的情况

项目	数量/只		
鸡	2	1	3
兔	6	7	5
足	28	30	26

生2：逐一列举（见下表）。

生2列举出的情况

项目	数量/只						
鸡	1	2	3	4	5	6	7
兔	7	6	5	4	3	2	1
足	30	28	26	24	22	20	18

生 3：特殊位置列表（见下表）。

生 3 列举出的情况

项目	数量 / 只		
鸡	5	4	3
兔	3	4	5
足	22	24	26

生 4：替换（跳跃）列表（见下表）。

生 4 列举出的情况

项目	数量 / 只	
鸡	1	3
兔	7	5
足	30	26

（3）对比优化，总结归纳。

师："刚才我们用了几种不同的列表方法解决了这个问题，我们来对比、分析一下，这几种方法都是怎么思考的。我们先来看看第一个表格（生 1 列举出的情况），这位同学是怎么猜到正确答案的呢？"

生 5："随便猜的，当猜的结果经过验证发现有错误时，再重新猜。"

师："对于这种猜法，你们有没有什么想说的？"

生 6："这种猜法没有按照顺序，杂乱无章，猜的次数可能较多。"

师："我们再来看第二个表格（生 2 列举出的情况），这位同学又是怎么思考的呢？"

生 7："他是按照一定的顺序猜的，逐一地把所有情况都列举出来，再选择符合题意的答案。"

师："你们怎么评价这种方法？"

生 8："所有情况都能一一列举出来，但是列举次数较多，比较麻烦。"

师："观察这个表格你们能发现什么？"

生 9："我可以发现每增加一只鸡减少一只兔，足数就减少 2 只。"

师："接下来我们再来看看第三个表格（生 3 列举出的情况），这位同学又是怎么思考的呢？"

生 10："因为他不知道鸡和兔到底有几只，所以就根据足数的和估计并选定了一个起始数，这样可以减少列举的次数。"

师："你们觉得这种方法怎么样？"

生 11："这种方法缩小了范围，减少了列举的次数。"

师："最后我们再来看看第四个表格（生 4 列举出的情况），这位同学是怎么思考的呢？"

生 12："他先随意选择了 1 只鸡 7 只兔，通过计算发现足数和是 30 只，与题中所给的 26 只足不相符，多了 4 只足，由此想到将 7 只兔中的若干只兔替换成鸡，因每只鸡有 2 只足，而每只兔有 4 只足，所以换成鸡以后，每换 1 只就减少 2 只足，现在有 4 只足需要减少，所以需要替换 2 只兔。"

师："同学们真有想法，想到了这么多种列表的方法，老师为你们点赞。今天，我们用不同的列表方法解决了'鸡兔同笼'问题，虽然这些列表方法各不相同，但是它们蕴含的数量关系却是相同的，解决问题时我们应根据实际条件，选择适当的方法，这样可以既快又准确地寻找到我们需要的答案。"

【设计意图：为了尽快找到正确答案，学生会在列表过程中不断调整自己的数据。在一次次的猜测、验证、调整中，学生经历了用列表法解决"鸡兔同笼"问题的过程，培养了逻辑思维能力。借助鸡兔的生动

学具，学生直观地体会到"换"的本质。】

（三）回顾总结，拓展延伸

师："我们一起来回顾一下本节课的学习过程，我们是怎样得到最后的答案的呢？我们现在能解决《孙子算经》中的原题了吗？下面，用你们喜欢的列表方法来解决它吧。"

学生独立解答后，教师点名，让学生上台用投影仪展示结果并说说自己是怎么想的。

师："你们知道古人是怎么解决'鸡兔同笼'问题的吗？谁可以解释一下？"

（四）拓展及作业

完成下面的课后作业。

上网查阅有关"鸡兔同笼"问题的资料，创编一道生活中的"鸡兔同笼"问题并解答。

九、教学着力点

（一）推理能力

《课标》中指出："推理能力主要是指从一些事实和命题出发，依据规则推出其他命题或结论的能力。理解逻辑推理在形成数学概念、法则、定理和解决问题中的重要性，初步掌握推理的基本形式和规则；对于一些简单问题，能通过特殊结果推断一般结论；理解命题的结构与联系，探索并表述论证过程；感悟数学的严谨性，初步形成逻辑表达与交流的习惯。推理能力有助于逐步养成重论据、合乎逻辑的思维习惯，形成实事求是的科学态度与理性精神。"本节课在学生自主探究列表法解决"鸡兔同笼"问题时，让学生经历猜测、验证、调整的过程，在分析和对比中，培养学生的逻辑推理能力。

（二）问题解决

在本节课的教学过程当中，教师给予了学生充分的时间和空间，让他们借助直观操作，在探索的过程当中获得解决问题的一般策略——列表法，体验解决问题方法的多样性，在与他人的合作和交流中初步形成评价与反思的意识。

（三）有序思考

有序思考是一种重要的数学思想与方法，能够帮助学生有条理地解决问题。在本节课中，学生由开始的毫无头绪地杂乱列表，再到后来的有序列表，逐步形成了有序、严谨地思考问题的意识，同时逐步产生了探索数学问题的兴趣与欲望，以及发现、欣赏数学美的意识。

十、教学反思

第一，注重数学思想的渗透。"鸡兔同笼"是我国民间广为流传的数学趣题，教学中我们揭去了它令人生畏的奥数面纱，还其生动有趣的一面。通过学习，学生不仅能感受到祖先的聪明才智，而且体会到了解题策略的多样性，以及其中蕴含的丰富数学思想与方法，激发了学习兴趣，培养了学习能力。用列表法解决问题，渗透了函数的思想和方法；用算术法解决问题，渗透了假设的思想和方法；用方程法解决问题，渗透了代数的思想和方法；……

第二，重视让学生体验数学与生活的联系。课前教师可以让学生收集生活中的类似"鸡兔同笼"的问题。课堂上交流时，教师可以补充介绍日本的"鹤龟算"，让学生深刻感受到数学与生活的联系，体会到数学就在我们身边，我们学习的是有用的数学。

第三，关注每一名学生的发展。由于学生原有的认知背景的不同，他们在解答本节课的问题时存在较大的差异。在教学的过程中，教师并没有提出统一的要求，而是允许不同的学生采用不同的解题方法。这样做的目的，是让不同的学生在同一节课中都有不同程度的提高。

基于传统文化的浸润与升华："圆"单元整体化主题教学研究

一、课程内容

人教版小学数学六年级上册第 5 单元 55 ～ 77 页。

二、单元（或主题）教学设计说明

（一）设计理念

第一，体现操作的价值。著名教育家陶行知先生说过："单纯的劳力，只是蛮干，不能算做；单纯的劳心，只是空想，也不能算做；真正的做只是在劳力上劳心。"动手操作有利于学生经历知识形成的过程，有助于学生理解和掌握抽象的数学概念。当然，我们不能简单地把动手操作中的"动"理解为动一动、摆一摆、做一做，只停留在身体动作方面，而忽视学生动手操作过程中内在的思维活动。事实上，由于数学对象并非物质世界中的真实存在，而是抽象思维的产物，所以在操作中应强调"操作活动的内化"，把操作作为一种辅助手段，用操作深化、活化学生的数学思考，真正发挥动手操作这一学习方式内在的教学价值。

第二，体现想象的价值。爱因斯坦认为想象力比知识更重要，知识是有限的，而想象力概括了世界上的一切，是知识进化的源泉。小学生认识事物主要是从感知形象开始。想象是学生获取信息与提炼信息不可或缺的有效途径和必不可少的一种能力。对小学生而言，想象显得更为重要。他们的主要任务是学习各种知识和技能，不管采用何种学习方式，会想都是必要前提。想象可以帮助小学生认识更为广阔的空间。因此，在教学中着力培养小学生的想象能力，意义重大。

第三，体现文化的价值。数学文化是一种主要的文化力量，具有重要的教育价值。时代的发展要求未来的劳动者普遍具有较高的素质，这使得教育，包括数学教育，不能仅仅是知识的传授、能力的培养，更应当是一种文化的熏陶、素质的培养。这就要求我们绝对不能就数学论数学，而应当更新教育理念，把数学看成一种文化系统，把数学教育看成数学文化教育，将数学放在广阔的文化背景中加以考察。

第四，体现思想的价值。数学思想是数学发生、发展的根本，也是数学精髓和数学内容价值的核心体现。数学思想既能指引人们如何用数学的眼光、数学的方法去透视事物、提出概念、解决问题，又能培养人们的抽象思维能力、逻辑推理能力和数学应用能力，进而激发灵感、诱发创造。学生学习数学思想，不能仅仅学习数学思想本身的概念和含义，而是要同具体的知识相结合，在分析问题、解决问题中体验和领悟。在进行具体的知识教学时，教师要将数学思想与数学方法相结合、渗透，让学生在理解和运用数学知识的同时，领悟数学思想。

（二）单元（或主题）内容分析

本单元主要教学圆的有关知识，主要教学内容及其前后知识联系如下表所示。

圆的主要教学内容及其前后知识联系

已经学过的相关内容	本单元的主要内容	后续学习的相关内容
①长方形、正方形、三角形和圆的直观认识 ②长方形、正方形的周长和面积 ③平行四边形、三角形、梯形和组合图形的面积	①圆的认识 ②圆的周长 ③圆的面积 ④扇形	①圆柱的认识 ②圆柱的表面积 ③圆柱的体积 ④圆锥的认识 ⑤圆锥的体积

本单元是在学生已经初步掌握长方形、正方形、平行四边形、三角形和梯形的基本特征及其周长、面积公式，并且已经直观认识了圆的基础上进行教学的。从认识直线图形到认识圆这样的曲线图形，这样的教学设计拓宽了学生的知识面，丰富了学生图形与几何的学习经验，还给学生探索学习的方法注入了一些新的内容，并使他们的空间观念得到进一步的发展。这部分内容分四段安排：第一段，认识圆的基本特征，以及圆的圆心、半径和直径，学会用圆规画圆；第二段，探索并掌握圆的周长公式，了解圆周率的含义，应用圆的周长公式解决一些实际问题；第三段，探索并掌握圆的面积公式和简单组合图形的面积计算方法，应用圆的面积公式解决一些实际问题；第四段，初步认识扇形，初步理解扇形与所在圆的关系。本单元内容的基本结构如下图所示。

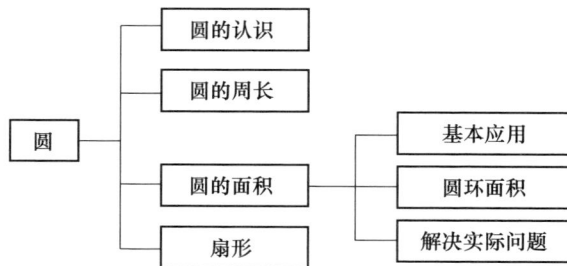

人教版小学数学教材六年级上册"圆"单元基本结构

本单元的教学重点是认识圆的基本特征、探索并掌握圆的周长和面积公式。这不仅因为上述数学知识在图形与几何领域具有十分重要的地位，还因为从直线图形到曲线图形，分析和研究问题的方法本身也有了明显变化，这种变化将对学生的数学观念产生一定影响。本单元的教学难点是探索并理解圆的面积公式。原因主要有两个：一是把圆转化为长方形的过程涉及极限思想，这对小学生的理解能力和空间想象能力是一次挑战；二是把圆转化为长方形后，还需要进一步明确长方形的长和宽与圆的半径和周长的关系，这对小学生的理解能力和空间想象能力构成了又一次的挑战。

（三）单元（或主题）编排特点

第一，紧密联系生活实际，促进学生对圆的特征的认识。圆是到定点的距离等于定长的点的集合，这是圆的本质特征。考虑到小学生的认知水平，教材没有给出圆的定义，而是将圆的认识与生活实际紧密结合，注重从生活现象中提取数学问题，并进行适当的抽象概括。一是教材通过编排观察、画图、交流等活动，使学生初步感受到圆与以前学过的三角形、长方形等多边形存在明显差异；在此基础上，教材通过编排折一折、画一画等活动，帮助学生逐步感受并体会圆的基本特征，为他们今后学习圆的定义提供感性认识和直观经验。二是在学生掌握圆的基本特征之后，教材在编排中及时安排了现实生活中的数学问题，让他们应用所学知识加以解决；这样紧密结合生活实际的学习内容，既可有效地激活学生的生活经验，又可以让他们体会到数学学习的价值，增强数学学习的兴趣。

第二，开展操作活动，探索圆的周长、面积公式。操作是学生认识图形、探索与图形有关的知识的一种重要方法和途径。在探索圆的面积公式时，教材通过剪、拼等方法引导学生"化曲为直"，进而推导出圆的面积公式。正是通过操作活动，学生的探究学习得以顺利展开；也正是通过操作活动，学生对有关数学知识和规律的体验更加真切与深刻；同样，也正是通过操作活动，学生学习数学的兴趣和学好数学的自信心提高了。

第三，重视不同数学知识的综合应用，让学生感受数学知识的内在联系，不断提高解决实际问题的能力。教师在讲解圆的特征时，让学生综合应用平移、旋转等知识设计与圆有关的图案，进一步体会圆的特征；讲解圆的周长公式后，让学生逆向利用公式解答已知圆的周长求圆的直径或半径的实际问题；讲解圆的面积公式后，让学生综合应用学过的平面图形的面积公式计算简单组合图形的面积。这样的安排，对于培养学生综合应用数学知识和方法解决问题的意识与能力，是非常有益的。

三、单元（或主题）教学目标与重难点

（一）教学目标

（1）使学生认识圆，学会用圆规画圆，掌握圆的基本特征。

（2）使学生会利用直尺和圆规，在教师指导下设计一些与圆有关的图案。

（3）使学生通过实践操作，理解圆周率的意义，理解和掌握圆的周长公式，并能解决一些相应的实际问题。

（4）引导学生探索并掌握圆的面积公式，并解决一些简单的实际问题。

（5）使学生认识扇形，掌握扇形的一些基本特征。

（6）使学生经历尝试、探究、分析、反思等过程，积累数学活动经验，在解决一些与圆有关的数学问题的过程中提高问题解决的能力。

（7）使学生在推导圆的周长与面积公式的过程中体会和掌握转化、极限等数学思想。

（8）通过生活实例、数学史料，让学生感受数学之美，了解数学文化，提高学习兴趣。

（二）教学重点

认识圆的基本特征，探索并掌握圆的周长和面积公式。

（三）教学难点

探索并理解圆的面积公式。

四、单元（或主题）整体教学思路

（一）单元（或主题）整体教学实施的思路

第一，注重生活经验和数学经验的结合。在"圆"这一单元的教学内容中我们可以发现：圆的数学原型在生活中比比皆是，例如，生活中圆形的物体处处可见；圆的周长、面积等测量任务也有着丰富的实例，例如，车轮长度、井盖面积等都是人们生活中要解决的测量问题。与此同时，此阶段的学生也具备了其他常规图形，如长方形、正方形、平行四边形、三角形与梯形的认识和测量的经验。因此，在本单元的教学过程中应强调生活中的实物原型的经验与数学学习中的学习过程的经验的结合，将其作为基础性构架，帮助学生顺利完成本单元更具挑战性的曲线图形的知识建构。

第二，注重主观想象和客观操作的结合。本单元的内容属于图形与几何领域，空间想象力的培养是重要的教学目标。而将学生头脑中的想象与现实世界的现象相结合，并在学生头脑中形成表象，最终抽象为数学认识和数学概念，这一过程正是培养学生空间想象力的重要途径。因此，在本单元的教学过程中，教师应重视学生的动手操作能力，印证和强化学生头脑中原有的想象，使二者产生有机联系，进一步发展学生的空间观念。

第三，注重直接经验和间接经验的结合。经验常指客观世界在人的头脑中留下的印象或形成的知识，其有直接经验和间接经验之分。直接经验是通过在现实生活中亲身参与而获得的知识。间接经验是从书本等各种文字载体和其他人等处所获得的知识。二者既有区别又有联系，相辅相成。直接经验为间接经验的获得提供支撑和生长点，而间接经验又为直接经验提供事实和价值的解释。本单元的教学内容在数学发展的历程中不是全新的，而是经过前人长期研究和论证过的。因此在本单元的教学过程中，教师应充分关注学生因现场操作而形成的直接经验与前人因研究而形成的间接经验的结合，在丰富学生研究体验的同时，开阔学生视野，丰富学生的数学感知，使其感受到数学的魅力。

第四，注重数学思想和数学文化的结合。数学是人类的一种文化，小学数学的内容、方法及理论体系虽然相对浅显，但是蕴含了数学全部的思想与方法。教学中，教师要立足教育实践，注重数学内容、思想和方法的整合，注重多学科知识与文化的整合，注重数学文化与社会文化的整合，并使数学文化与学生创新能力的培养相结合，深入把握数学文化的特质，以此达到提高学生数学文化素养的目的，从而彰显数学教案的无限魅力。这样，中华民族灿烂的数学文化在学生的成长、数学的发展乃至整个教育体系的完善方面都发挥出了应有的作用。"圆"这一单元的教学内容中包含了重要的数学思想，如极限思想、化归思想和对应思想等，同时也具备丰富的文化知识和哲学概念，对于学生而言是重要的学习契机。因此，学生在掌握数学知识、提升数学技能、丰富数学感受的同时还应该注重对数学思想和数学文化的体会，进一步提升自己的数学素养。

（二）单元（或主题）课时安排（见下表）

人教版小学数学六年级上册"圆"单元课时安排

小节名称	知识内容	课时安排
圆的认识	圆的各部分的名称 圆的特征	2
圆的周长	认识圆周率 圆的周长公式	2
圆的面积	圆的面积公式	1
	圆环面积的计算	1
	方中圆、圆中方	2
扇形	扇形的认识	1
整理与复习		2

鉴于"圆"单元在整体化主题教学研究中涉及的课时较多，内容也相

对复杂，我将选取圆的面积教学设计作为案例，进行详细阐述。在这一教学设计中，我们的目标是让学生不仅理解圆的面积的概念，而且能够熟练运用相关公式进行计算，并深刻领会这一数学概念在实际生活中的应用。

五、圆的面积教学设计

（一）课程内容

人教版小学数学六年级上册第 5 单元 65 ～ 72 页。

（二）教材分析

"圆的面积"是人教版小学数学教材六年级上册第 5 单元的教学内容，属于图形与几何领域。圆是学生在学习过程中接触到的第一个曲线图形，图形"由直到曲"的背后隐匿着丰富的内容和深刻的数学思想，蕴含着巨大的教育价值。

第一，圆的面积是图形与几何知识体系的转折点。圆的面积的知识是学生在六年级第二学期学习圆柱、圆锥知识的基础，也是初中学习平面几何知识的基础。圆的面积的知识是在圆的认识、周长知识的基础上进行教学的，是"由直到曲"认识链条中的重要一环。此外，圆的面积的知识也为学生学习统计与概率领域中的扇形统计图提供了必要的支持。

第二，圆的面积是数学思想的渗透点。在圆的面积的教学中蕴含着丰富的数学思想与方法，如转化的方法、极限思想、对应思想……而对于学生来说其中最为陌生的就是极限思想。这是学生第一次真切感悟和经历该思想，是从有限到无限、在教学中初步渗透极限思想的关键点。

第三，圆的面积是培养学习方法的促进点。在圆的面积的学习过程中需要学生运用转化的方法，将未知图形转化为已知图形，这是对以前掌握的学习方法的巩固和延续。但以前的转化都是"由直到直"，而当下要实现"由直到曲"，学生不免会产生"还能转化吗？""转化的学习方法是普适的吗？"等顾虑。当问题解决后，学生会对"转化"这一学习方法产生新的认识。

综上，圆的面积这节课的内容，无论在知识上、数学思想上还是学习方法上对于学生来说都是非常关键的，蕴含着较高的育人价值。

（三）学情分析

1.基于经验

在以往的教学实践中，学生总是不敢将圆剪开，也就不可能想到将圆转化成长方形，进而推导出面积公式。而当教师给出圆的分割图后，学生很容易找到转化前后圆的各部分的关系，从而推导出面积公式。

2.基于调研

为了更好地了解学生的情况和开展后面的教学，我对府学胡同小学六年级（1）班49名学生进行了前测。

（1）前测试题。

① 请想办法测量出下图中圆的面积（假设每个小方格的边长都是1厘米）。

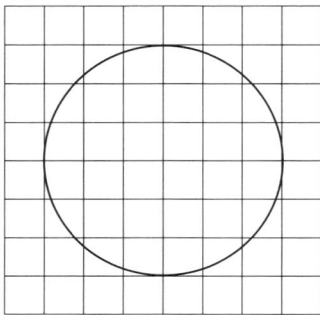

测量网状方格上圆的面积

② 你学习过哪些平面图形面积的计算方法？这些图形的面积公式是如何得到的？

③ 你知道圆的面积怎样计算吗？若知道请将圆的面积公式写在下面的横线上。

圆的面积 = _____

④ 有关圆的面积你还知道什么？

（2）前测数据（见下表）。

圆的面积课程前测试题答题情况统计

答题情况	人数	人数占比 /%
圆的面积公式和公式推导过程都不知道	7	约 14.3
只知道圆的面积公式	40	约 81.6
知道圆的面积公式及公式推导过程	2	约 4.1

3. 前测数据分析

通过上表可以看出，多数学生知道圆的面积公式，但只有很少的学生知道公式推导过程，而该过程也只是通过看书知道的，而不是自己想到的，与我以往的教学实践经验是相吻合的。面对如此现实，我产生了如下思考。

（1）教学中应该教给学生什么？

对于这个问题，我想学生学习数学不仅是为了获取有限的知识和技能，更重要的是学习获取数学知识的方法，培养主动参与的习惯和获得终身可持续学习的发展动力。

（2）怎样让学生能够自己想到推导过程？

诱发学生想到圆的面积公式的推导过程在本节课中意义重大，也就是要让学生知其然，还要知其所以然。带着这样的思考，我在近几年的教学中一直进行着尝试、研究，本节课的教学设计就是基于自己长期、多次实践后的结果。

（四）教学目标

（1）让学生经历猜想、操作、验证、讨论和归纳等数学活动的过程，探索并掌握圆面积公式，能正确计算圆的面积，并能应用公式解决简单的相关问题。

（2）让学生经历圆的面积公式的推导过程，进一步体会转化的方法和极限的数学思想，增强空间观念，发展数学思想。

（3）让学生感悟数学知识内在联系的逻辑性，体验发现新知识的快乐，增强合作交流的意识和能力，培养学习数学的兴趣。

（五）教学重点

掌握圆面积公式，能够正确地计算圆的面积。

（六）教学难点

理解圆面积公式的推导过程。

（七）教学过程

1. 创设情境，引入新课

师："大自然赐予了我们一抹总能使人心旷神怡的绿色。同学们，你们喜欢具有生命力的绿色吗？"

生1："喜欢！"

师："不只你们喜欢，小明也喜欢。小明家的院子中就有一片绿色的圆形草坪，每平方米草坪的草皮8元，根据现有的信息，大家能提出什么数学问题？"

生1："草坪的总造价是多少？"

生2："圆形草坪的面积是多少？"

师："想要求草坪的总造价是多少钱，我们首先要知道这片圆形草坪的面积。那么，圆的面积怎么求呢？今天老师给每位同学准备了一些大小相同的圆，我们就从这些圆的面积开始研究，今天这节课我们就来研究与圆面积有关的知识。"

2. 复习旧知，总结方法

师："请大家回顾一下，我们以前研究一个新图形的面积时用到过哪些好的方法？"

课件演示：回顾长方形、平行四边形、三角形、梯形面积公式的推导过程（见下图）。

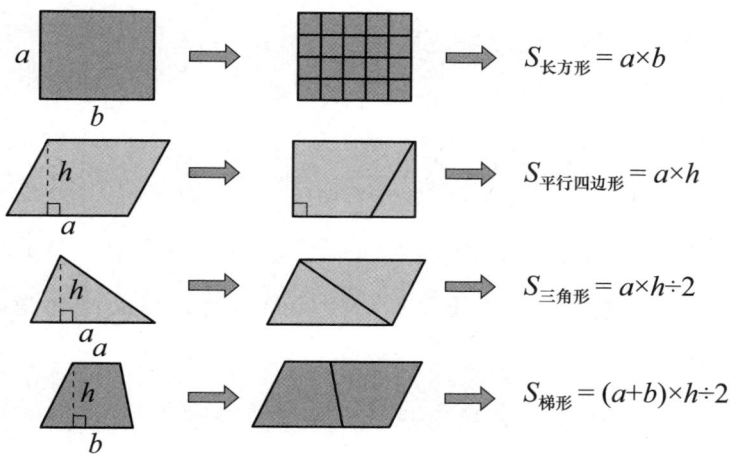

$$S_{长方形} = a \times b$$

$$S_{平行四边形} = a \times h$$

$$S_{三角形} = a \times h \div 2$$

$$S_{梯形} = (a+b) \times h \div 2$$

长方形、平行四边形、三角形、梯形面积公式推导过程

师："这些图形面积公式的推导方法有几种？"

生2："转化和数方格。"

师："数方格也就是在度量面积单位；转化也就是把未知的图形转化成我们已知的图形，进而得到面积公式。今天研究圆的面积公式是否也可以利用这些方法呢？我们一起来试试。"

【设计意图：在解决问题的过程中，学生如果能够回想起一个以前解决过的与当前问题紧密相关的问题，常常有助于激发出一系列正确的思路。引导学生对已有的相关知识进行回顾，对学生探索新知识是必需且必要的。这种回顾不但能够从知识上给予学生帮助，更重要的是可以从方法上唤醒学生的思考意识，便于学生积累数学活动经验。】

3. 自主探索，得出结果

师："请同学们用手中的学具，尝试得到圆的面积。"

学生自主探索。

生1：数方格。

生2：剪拼。

生3：用圆内接多边形法。

4. 师生合作，汇总交流

（1）数方格方法。

师："我们以前用数方格的方法测量过图形的面积，下面我们一起来看看大家用面积单位测量圆面积的情况怎么样。请大家介绍一下你们的测量情况。"

生1："用边长2厘米的面积单位测量，能确定的部分大约是16平方厘米。"

生2："用边长1厘米的面积单位测量，能确定的部分大约是32平方厘米。"

师："同学们发现了吗？刚才的两位同学都用了'大约是'，为什么不用'就是'呢？"

生 3："因为圆的有些部分是曲线，不满一格，没法准确计算。"

师："圆边缘处的方格确实不能确定，圆的哪部分能够确定？请数一数圆内可以确定的方格。如果下图中一个方格的面积是 4 平方厘米，那么我们可以确定的部分面积是多大？"

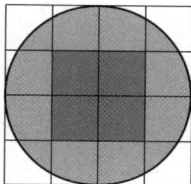

一个方格的面积是 4 平方厘米的情况下计算圆的面积

生 2："16 平方厘米。"

师："我们再看看下图另一种方格测量的情况。圆内的方格有哪些可以确定？数一数，算一算，如果一个方格的面积是 1 平方厘米，可确定面积的部分是多大？"

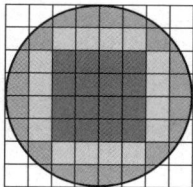

一个方格的面积是 1 平方厘米的情况下计算圆的面积

生 3："32 平方厘米。"

师："用方格纸测量，要想使能确定面积的部分再大一些，你们有什么好办法？"

生 4："方格再小一些。"

师："为什么方格越小，可确定面积的部分越大呢？小组讨论一下。"

学生小组讨论。

师："请大家闭上眼睛想象一下，当方格越分越小，小到如沙粒或微尘一般铺满整个圆时，圆内可确定面积的部分会怎么样？"

生3："会越来越大，几乎和圆完全一样。"

师："当方格无穷小的时候，圆内可确定面积的部分就是整个圆。大家想一想，用这种思路能不能测量出圆的面积？"

生1："能。"

生2："可以，但很困难，比较麻烦。"

师："说得对，确实用这样的方法比较麻烦。刚才我们用数方格的方法只得到了这一个圆的面积，如果再换一个圆计算其面积，我们要重新再数。有没有别的办法呢？"

生4："可以用转化的方法。"

【设计意图：通过对比用不同面积单位进行测量的结果，让学生体会测量的面积单位越小，测量所得到的圆的面积精确度越高，进而通过想象及课件演示，使学生感悟数学的极限思想。这也是本节课中学生第一次体会极限思想。】

（2）剪拼方法。

师："用转化的方法能得到圆的面积吗（展示学生剪拼方案）？谁看懂了？他们是怎样做的？"

生1："他们把圆片平均分成若干份，然后拼成了一个近似的平行四边形。"

师："他们拼的只是'像'而不是'是'呀！你们认为转化成功了吗？有什么问题吗？"

生2："边是弯曲的，没有转化成功。"

师："我们如何能让拼成的平行四边形更像呢？"

生3："把圆平均分得多一些拼起来就像了。"

师："观察屏幕上展示的用剪拼方法计算圆的面积的示意图（见下

图）。如果将圆平均分成更多份，如 64 份、128 份、256 份……拼成的图形是什么样的？刚才的曲线会怎么样？无限分下去，拼成的图形最终会是什么图形？为什么？"

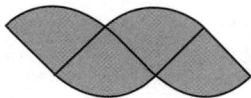

（a）4份剪拼方案

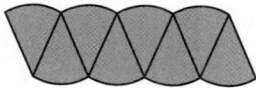

（b）8份剪拼方案

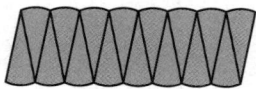

（c）16份剪拼方案

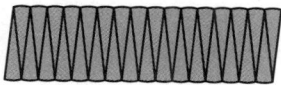

（d）32份剪拼方案

用剪拼方法计算圆的面积

小结：如果我们将圆平均分成的份数无限多，那么最后拼成的图形就会变成真正的长方形，曲线也就会变成真正的直线。这样就把求圆的面积转化成了求长方形的面积。

师："请仔细观察转化后的长方形和圆形有什么联系，大家可以互相讨论一下。"

学生讨论。

师："看来大家已经讨论出了一些结果。谁来说一说转化后的长方形和圆形之间有什么联系？或者说我们能根据图形之间的联系推导出圆面积公式吗？"

生 4："圆的半径就是长方形的宽，圆的周长的一半就是长方形的长。因为圆的周长的计算公式是 $2\pi r$，所以圆的周长的一半就是 πr，也就是长方形的长，而长方形的宽是 r。因为长方形面积 = 长 × 宽，也就是 $\pi r \times r$，所以圆面积就是 πr^2。"

【设计意图：通过学生动手操作，将圆经过剪拼转化为近似的长方形，并思考平均分成的份数变化与剪拼后图形的关系，引导学生想象并辅助课件验证，进一步说明转化的合理性。在圆的面积公式的推导过程中，学生进一步体会了一一对应思想和极限思想。这也是本节课中学生第二次体会极限思想。】

（3）圆内接多边形方法。

师："同学们，圆的面积大家会计算了吗？还有没有别的方法也能得到圆的面积？"

生5："将圆对折很多次，就可以将求圆的面积转化成求许多个三角形面积的和，求出一个三角形的面积，再乘它的个数，就是圆的面积了（见下图）。"

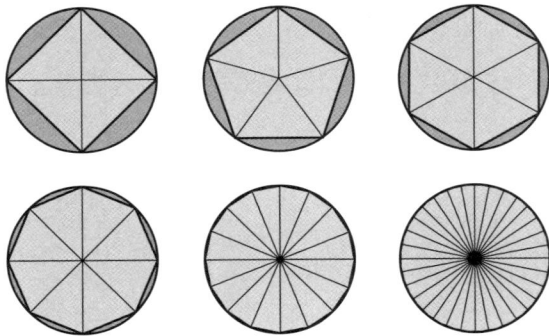

用圆内接三角形方法计算圆的面积

师："这种方法和原来我们学习的圆的周长的计算方法有点相似，就是割圆术。让我们回顾一下，我们在学习圆的周长的计算方法的时候，见到过圆内接正四边形、正五边形、正八边形、正十六边形、正三十二边形，你们有什么发现？"

生6："我们发现圆内接正多边形的边数越多时，分得的每个小三角形的面积就越接近小扇形的面积，三角形的底就越接近圆的弧。"

师："如果我们取圆内接正六十四边形、圆内接正一百二十八边形，我们发现一份的小扇形和一份的小三角形怎么样了？会一样大吗？什么时候一样大？"

生1："大小会越来越接近。"

生2："当平均分得的份数无限多时，就会一样大。"

教师介绍割圆术——"割之弥细，所失弥少。割之又割，以至于不可割，则与圆周合体而无所失矣。"

【设计意图：通过对数学家刘徽提出的割圆术的介绍，使学生对中国的数学文化和古人的智慧产生敬佩之情，同时进一步体会极限思想。这也是本节课中学生第三次体会极限思想。】

师："那我们用割圆术的方法可以得到圆的面积吗？"

生7："假设有几个圆内接三角形，一个三角形的底相当于圆周长的一部分，可以写成 $1/n \times 2\pi r$，三角形的高相当于圆的半径 r，一个小三角形的面积就是 $1/n \times 2\pi r \times r \div 2$，再乘三角形的数量 n，整理完得到 πr^2。"

【设计意图：在探索圆的面积公式时，最有价值且最有思维含量的地方是怎样让学生自己去想到把圆转化成学过的平面图形，而怎样转化成功则只是技术层面上的问题了。总之，引导学生自主思考，既顺应了学生的学习路径，又让圆这一特殊曲线图形与以前学过的图形有机联系起来，建立起了知识之间的联系，促成了知识和方法上的迁移。】

5. 总结方法，提升认识

师："今天我们用了很多方法都能够得到圆的面积，大家认为这些方法之间有什么共同点吗？"

生1："这些方法都用到了学过的方法，也都用到了极限的思想。"

师："今天给你们留下最深刻印象的内容是什么？圆的面积大家都会算

了，但这节课开始前的一个问题我们还没有解决，就是小明家草坪的总造价，现在大家会算了吗？要想知道草坪的总造价得知道什么？"

生2："半径。"

师："小明家圆形草坪的半径为3米，谁能列出计算公式？"

生3："$3.14 \times 3^2 \times 8$。"

师："非常正确。同学们，今天我们是通过剪拼的方法把圆转化成长方形，进而验证了猜想并得到圆面积公式的。那么，圆只能转化成长方形吗？其实我们还可以把圆转化成三角形和梯形，有兴趣的同学下课可以试试。"

（八）教学反思

这节课的教学紧紧围绕"使学生获得数学的基本思想"这一重要课程目标，基于教学现状、数学本质，钻研教材、研究学生，整体把握落实"化曲为直、感悟极限、归纳抽象"的核心目标，获得了良好的教学效果，具有以下几方面的突出特点。

第一，确立核心思想，统领多种方法，逐步感悟渗透。圆的面积的教学是渗透极限思想的良好契机。教师在教学中一方面要注重调研学生现状，分析学生学习需求；另一方面要注重深入钻研教材，有效挖掘渗透数学思想和方法的着力点，保证既充分展示学生探究圆的面积公式的多种方法，又将不同方法置于渗透极限思想这条主线之中。

第一次，数方格——在测量中渗透。这种方法将所有图形的面积都视为小正方形面积的集合。用数方格的方法计量圆的面积，遵循了面积的数学本质。这是求面积最原始的方法，也是学生最容易想到的方法。经历运用数方格的方法估计圆的面积大小的过程，学生会感到圆的面积的计算结果越来越精确，同时深刻理解了度量单位的实际意义和价值。

第二次，剪拼成直线图形——在操作中渗透。将圆剪拼成的近似平行四边形是学生看得见、做得出的最直接的图形，而剪拼成长方形需要进行二次转化。从学生之间"和数格子的方法一样""从无限的角度看待有限"的交流中可以看出，刚刚感知的极限思想帮助学生自发突破了"从曲到直""从平行四边形到长方形"的认知难点，学生切实感悟到"无限逼近"和"等积变形"的含义，较好地发展了空间观念。

第三次，分割成直线图形——在观察中渗透。教师将圆等分成基本三角形，与割圆术相结合，以圆内接正方形为起点，不断增加内接正多边形的边数，使学生体会到正多边形的边数越多，其面积就会越接近于圆的面积，再次渗透了极限思想。

第二，回顾研究方法，唤醒活动经验，搭建探究平台。《课标》明确提出了义务教育阶段数学教学的总目标："通过义务教育阶段的数学学习，学生逐步会用数学的眼光观察现实世界，会用数学的思维思考现实世界，会用数学的语言表达现实世界（简称'三会'）。"其中，数学思维经验是依靠活动经验的长期积累获得的，也是解决新问题、进行数学创造的根本。

圆的面积的教学基于学生对面积概念及已有直线图形的面积公式的学习。那么，如何将这些原有的知识和经验作为迁移的基础，创设一个真实有效、生动活泼、主动和富有个性的学习过程呢？教师在教学中组织学生回顾以往探究平面图形的面积公式的方法，进一步揭示了面积的本质特征和知识间的内在联系，从而唤醒了学生已有的思考方法和活动经验，为学生自主探究圆的面积公式营造了自由、开放的空间。

第三，借助辅助手段，增强直观形象，助推想象推理。这节课，学生在画一画、折一折、剪一剪、拼一拼的动手操作活动中不断感知图形的变化趋势。但圆是曲线图形，仅仅用简单的几次等分拼接并不能得到标准的已学图形。让学生把一个曲线图形想象转化成直线图形确实有一定的难度，还需要学生从有限的操作与观察中展开无限的想象和推理，从而获得抽象的数学结论。教师通过细心钻研，针对学生的困难和需求，自制了精美的课件，有效地搭建起操作与推理之间的想象空间。学生通过观察、想象等分份数无限加倍时的状态，形象直观地感悟到了"化曲为直"的过程，体会了极限思想的神奇。学生不但推导出圆的面积公式，而且逐步由感性认识上升为理性认识，有效提升了逻辑思维能力。

数学思想是数学的灵魂，常常隐藏在知识之中，所以我们需要深入挖掘教材内容，加强对数学思想的提炼和总结，精心设计教学过程，使数学思想自然地渗透在教学之中。这节课在有效渗透基本数学思想和方法上进行了有益的探索。

后记

　　当我终于为这部关于数学史教学应用的作品画上句号时，我的心中感慨万千。回首这段充满挑战与探索的创作历程，我犹如在知识的海洋中独自航行，虽时有风浪，但也收获了无尽的宝藏。

　　这部作品汇聚了我多年来在数学教学领域的实践与思考。在教学过程中，我深刻地认识到数学史对于数学教育的重要性。正如老子所言："合抱之木，生于毫末；九层之台，起于累土；千里之行，始于足下。"数学知识的积累与发展亦是如此，从点滴开始，逐步构建起宏伟的知识体系。庄子曾说："吾生也有涯，而知也无涯。"在探索数学史与教学融合的道路上，我翻阅了大量的文献资料，研究了国内外众多的相关成果，不断地尝试、总结和改进。每一个教学案例的设计，每一次教学方法的探讨，都凝聚着我和同事们的心血与智慧。

　　"不积跬步，无以至千里；不积小流，无以成江海。"在这个漫长的过程中，我要感谢我的同事们，他们给予了我无私的支持和帮助。我们一起研讨教学方案，分享彼此的经验和见解，共同为提高数学教学质量而努力。他们的鼓励和建议，让我在迷茫时坚定了方向，在困难面前有了继续前行的勇气。

　　同时，我也要感谢我的学生。他们是我教学实践的参与者和见证者，他们的反馈与表现让我不断反思和改进教学方法。他们那充满好奇和求知欲的眼睛，让我深知教师的责任重大，必须珍惜每一刻的教学时光。

此外，我还要感谢我的家人，他们在我忙碌的创作期间给予了我理解和包容，为我营造了一个温馨、宁静的环境，让我能够全身心地投入工作中。

这部作品或许还有不足之处，但它是我对数学史教学应用的一次系统总结和深入探索。我希望它能够为广大数学教育工作者提供一些有益的参考和启示，让我们共同推动数学教育事业的发展。

最后，说句题外话。2024年对我来说是终生难忘的，这一年中我完成了自己的轮岗交流工作，并将正式离开自己工作了25年的、那所拥有近700年历史的、让我魂牵梦绕的学校：北京市东城区府学胡同小学。这25年，记录了我从一个懵懂的青年到一个中年大叔的蜕变，也记录了一个教育工作者从青涩到相对成熟的成长历程，更记录了我从个人发展到优秀团队建设的艰辛奋斗历程。我把"府学"当成我的第二个名字，20多年来我所有的昵称都带有"府学"的前缀词，哪怕《王者荣耀》那个唯一的射手角色也顶着"府学老吴"的名称。这里面有多少个通宵达旦，多少次呕心沥血，多少遗憾和不甘？评书中讲"王图霸业，尽归尘土"，我此时的心境有那么一点相似。因此，谨以此书作为自己对过去经历的一个总结。自此之后"府学"的Logo（标志）将成为过去式。当然，更希望它是我未来前进的冲锋号，让我摒弃过去，超越过去。

未来的路还很长，我将继续在数学教育领域耕耘，不断探索创新，为培养更多热爱数学、善于思考的学生贡献自己的力量。

吴建成

2024年7月5日凌晨